Johanna Wechselberger
Filterkaffee

JOHANNA
WECHSELBERGER

*Filter*kaffee

braumüller

Bibliografische Information der Deutschen Nationalbibliothek
Die Deutsche Nationalbibliothek verzeichnet diese Publikation in der Deutschen Nationalbibliografie; detaillierte bibliografische Daten sind im Internet über http: // dnb.d-nb.de abrufbar.

Printed in Austria

1. Auflage 2013

Servitengasse 5, A-1090 Wien

www.braumueller.at

Bildquellen und Danksagungen
Ein besonderer Dank geht an Glenn Watson, der viele Fotos zur Verfügung gestellt hat (S. 8 unten, 9 oben, 26, 30, 32, 40, 68–70, 84, 85, 98, 132, 133). Glenn Watson ist Kaffeefotograf (www.coffee-photographer.com) aus London und bereist die ganze Welt auf der Suche nach gutem Kaffee. Er ist Kaffee-Consultant für 5M Coffee, Technical Judge für die UK Barista Championship und UK Media sowie Communication Director für die britische Sektion der SCAE (Speciality Coffee Association of Europe).

Der Verlag und die Autorin bedanken sich außerdem noch bei folgenden Personen und Institutionen für die Zurverfügungstellung von Bildmaterial:
Johanna Wechselberger (S. 9 Mitte, 15, 16, 19 Diagramm nach SCAE, 20–21 Skizzen, 23 rechts oben, 29 Mitte und unten, 47, 48, 50, 51, 56, 57 Skizzen, 63, 66, 67, 86, 88–91, 93, 104, 105, 114, 116, 117, 129), Monika Wiesner für die Step-by-Step-Fotos (S. 42, 43, 46, 52, 54, 55, 60, 62, 64, 65, 72, 73, 76, 77, 92, 94, 96, 97, 100–102, 126–128, 130), Nora Šmahelová (Coverfoto, S. 10), Nick Cho, Wrecking Ball Coffee Roasters (S. 44), Mathias Cimzar (S. 6, 8 oben, 12, 13, 140), Michael Himml (S. 23 rechts unten) sowie den Firmen ACE (S. 137 Tabelle), BUNN (S. 26, 27 rechts unten, 115), Comandante / Ralph Braune (S. 24 links), Espro Press (S. 78, 79), Eva Solo (S. 80, 81), Gastroback (S. 27 oben), HARIO, Bestbrew (S. 8 Mitte, 9 unten, 24 rechts, S. 29 oben, 31, 34, 38, 39, 41, 58, 74, 120–122, 124), Kalita (S. 45), Mahlkönig (S. 18, 20 links, 21 links, 23 links unten, 25), MARCO (S. 27 links unten), modbar (S. 28), Russell Hobbs (S. 106), Sowden (S. 82, 83), Steampunk (S. 118, 119), Technivorm (S. 108, 110, 111), Wilfa (S. 112) und World Barista Championship / Abigail Varney (S. 95).

Druck: Druckerei Theiss GmbH, A-9431 St. Stefan im Lavanttal
ISBN 978-3-99100-106-5

Ich widme dieses Buch meiner besten Freundin.
Danke, Mama

VIENNA SCHOOL
OF COFFEE

Vorwort

In den vergangenen Jahrzehnten hat sich die Art und Weise, mit Kaffee umzugehen und ihn zuzubereiten, gewaltig verändert. Wie beim Essen, wo sich die Slow-Food-Bewegung breitmacht, und beim Wein, wo man nicht mehr nur „Rot" oder „Weiß" bestellt, sondern nach Sorte, Lage und oft zusätzlich Weingut und Jahrgang wählt, wird auch Kaffee immer mehr zum Genussmittel.

Hartnäckigen Baristi, Trainern und Speciality-Coffeeshop-Besitzern ist es zu verdanken, dass Kunden immer weiter aufgeklärt werden. Kleinröster bemühen sich mehr und mehr, qualitativ hochwertige Bohnen – oftmals bereits aus direktem Handel – einzukaufen und rösten sie so, dass ihr Terroir zur Geltung kommt. Das „Verbrennen" von Bohnen ist out, hellere Röstungen sind in.

Wie schaffen Sie es nun, diese wunderbar natürlichen Aromen aus den liebevoll gerösteten Bohnen herauszuholen? Welche Geräte, Parameter und Kenntnisse sind dafür notwendig? Dieses Buch sollte genügen, um bei kommenden Meisterschaften antreten zu können oder zumindest, um eine perfekte Tasse Kaffee zu brühen. Einige Rezepte und Tricks von Staats- und Weltmeistern sowie lieben Kollegen aus der Branche regen zum Probieren an. Nutzen Sie auch die Verkostungstipps, die Brewbar-Liste und die Notizseiten am Ende des Buches.

Koffeinierte Grüße
Johanna Wechselberger

PS: Zur Bezeichnung mancher Geräte und Vorgänge verwende ich bewusst Fachausdrücke aus dem Englischen, weil sie international gebräuchlicher und oft auch treffender sind. Ich werde diese Ausdrücke aber immer ausreichend übersetzen oder erklären. An dieser Stelle möchte ich mich gleich bei meinen Kaffeefreunden in aller Welt sowie bei Firmen bedanken, die mich mit Fotos, Geräten und ihren persönlichen Rezepten unterstützt haben.

Inhalt

Faszination Filterkaffee

Rund 70 % der weltweit getrunkenen Kaffees werden mit verschiedensten Filtermethoden gebrüht. Wie viele der Inhaltsstoffe extrahiert, also ausgelaugt werden, hängt von den Parametern Kaffeemenge, Mahlgrad, Wassermenge, Wassertemperatur, Filterart und -form, Brühzeit und der Verteilung des Wassers im Kaffee ab.

Jahrelang wurde an den landesüblichen Methoden, wie der Verwendung von Metallfiltern in Vietnam oder Baumwollfiltern in Brasilien, nichts geändert. 1830 entwickelte man die Vakuum-Kanne. Erst 1908 erfand die Hausfrau Melitta Benz den Papierfilter, indem sie das Löschpapier ihres Sohnes zum Kaffeebrühen verwendete. 1954 patentierte man in Deutschland den Wigomat, den ersten elektrischen Filterbrüher. Daraufhin waren die Haushalte lange von Filterautomaten und Mokkakannen dominiert.

Nach mehreren Jahren Entwicklung wurde 1985 ein Vollautomat der Firma Solis auf den Markt gebracht. Auch wenn sich bis heute immer mehr Vollautomaten, Espressomaschinen und Kapselsysteme verbreitet haben, ist Filterbrühen wieder in. Eine regelrechte Revolution ist im Gange. Immer mehr Coffeeshops setzen zusätzlich zur Espressomaschine auf tassenweise handgebrühte Kaffees von feinster Qualität, perfekt zubereitet, meist sortenrein. Weiterentwickelte Filterhalter, Kannen und Accessoires lassen viel mehr Kontrolle beim Brühen zu und Kontrolle ist notwendig, um ausschließlich gute Stoffe und Aromen aus dem Kaffee zu extrahieren.

BASICS

Alles Wissenswerte
zum richtigen Filtern

Was braucht man zum Brühen?

Kontrolle ist essenziell, um das Beste aus dem Kaffee herauszuholen. Dazu benötigt man Wissen sowie durch zahlreiche Selbstversuche angeeignete Erfahrung. Möchte man die perfekte Tasse reproduzieren, sind diverse Geräte und Messinstrumente hilfreich – und natürlich guter Kaffee.

1 Frischer, guter Kaffee

Kaufen Sie Kaffee nur frisch vom Röster Ihres Vertrauens geröstet und in ganzen Bohnen. Einige Kleinröster handeln direkt mit den Farmern oder kaufen ihre Ware von Kaffeeimporteuren, die reinsortige Kaffees nachverfolgbaren Ursprungs anbieten. So erfährt man, welche Sorte man kauft (alleine die Arabica-Pflanze hat um die hundert Unterarten), auf welcher Farm sie gewachsen ist, wie sie verarbeitet wurde (gewaschen, getrocknet, honey-processed ...) und ob der Anbau biologisch, nachhaltig und sozialbewusst geschieht.

Viele Röster waren bereits vor Ort, um mehr über den spezifischen Kaffee zu erfahren und eine Beziehung zum Farmer aufzubauen. Die Farmer werden direkt bezahlt oder erhalten ihr Geld – sofern sie keine Exportlizenz besitzen – über die Kooperative, die deren Kaffee schält, sortiert und in Säcke packt. Denn nicht jede Farm ist groß genug, um sich die entsprechenden Gerätschaften selbst leisten zu können. Außerdem sind die Englisch- und Computerkenntnisse der Farmer oft nicht ausreichend, um ihren Kaffee selbst an besser zahlende Kunden im Ausland zu verkaufen. Bezahlt wird bei diesen direkt gehandelten Kaffees nach Qualität, nicht nach einem Börsenpreis, der von Versicherungen und anderen Anlegern abhängig ist und nichts über Geschmack und Qualität der Bohnen aussagt. Ich selbst bin ein- bis zweimal jährlich auf Kaffeeplantagen, um mehr über die Kaffees, die Aufbereitungsarten und die Farmer zu erfahren. Als Cup of Excellence-Jurorin bin ich auch maßgeblich an der Auswahl bester Qualitäten beteiligt.

Aus Erfahrung weiß ich, dass Sie in fast jeder größeren Stadt einen Kleinröster finden, der fair gehandelte Kaffees mit Qualität und gutem Geschmack anbietet.

Von Maria Bottos Farm „Nombre de Dios" in El Salvador bekomme ich wunderbaren Arabica Bourbon gewaschen, getrocknet oder auch honey-processed aufbereitet direkt zu mir in die Rösterei geliefert. Hier verdient Maria, die Mill, die sich um das Abpacken kümmert, und die Spedition – und sonst keine Groß- und Zwischenhändler.

Inzwischen gibt es außerdem immer mehr sogenannte 3rd-Wave-Coffeeshops der jungen Generation, welche zusätzlich zu Espressi auch Filterkaffees anbieten und die dazu passenden gerösteten Bohnen verkaufen, somit muss man nicht immer zur Rösterei pilgern.

Röstung

Kaffee ist ein sehr aromatisches Genussmittel. Von seinen etwa 1000 Aromastoffen sind selbst heute noch nicht alle bekannt. Viele von ihnen entstehen erst durch biochemische Prozesse beim Rösten. Ein wichtiger Vorgang ist dabei die sogenannte Maillard-Reaktion. Sie beeinflusst Farbe, Geschmack, Textur und Geruch der Kaffeebohnen. Neben der Bildung von Aromastoffen hat der Röstvorgang eine trockene und brüchige Textur der Bohnen zur Folge. Dies erleichtert das Zerkleinern (Mahlen) des Kaffees und erhöht die Extraktionsfähigkeit.

Von der Pflanze bis in die Tasse die Kontrolle zu haben, ist das Ziel.

Die Dauer des Röstprozesses beeinflusst die Härte der Bohnen und damit letztlich die Mahlung. Je länger geröstet wird, desto dunkler und brüchiger wird die Kaffeebohne und umso leichter lässt sie sich mahlen. Bei kürzeren, hellen Röstungen sind die Bohnen aufgrund des höheren Feuchtigkeitsgehalts zäher, dadurch wird mehr Energie benötigt, um sie zu mahlen.

Für die Filtermethode bevorzugen wir hell geröstete Kaffees, da wir keine schwarze, holzige Brühe trinken möchten, sondern je nach Sorte, Aufbereitung und Anbaugebiet verschiedene Aromen schmecken wollen (fruchtig, nussig, süß und / oder säurebetont, mit oder ohne Körper und verschieden langem Abgang).

Die Qualität einer Tasse Kaffee hängt in erster Linie von der Qualität der verwendeten Rohstoffe, also den Kaffeebohnen, ab. Ein guter Röster versucht das Terroir der Bohne zu betonen, statt einen bestimmten „Röststil" durchzusetzen. In zweiter Linie spielen das richtige Mahlen und die Zubereitung eine wichtige Rolle.

2 Mahlwerke

Da die Art und Weise, wie und wann die Kaffeebohnen zerkleinert werden, den Geschmack Ihres Getränkes stark beeinflusst, möchte ich das Thema „Mahlen" ausführlicher behandeln. Es ist nämlich kontraproduktiv, einen frisch gerösteten, gewaschenen Burundi Dusangirijambo zu kaufen und ihn dann mit Omas alter Schlagmesser-Mühle zu zerhäckseln. Der damit erzeugte Feinstaub bewirkt eine eher bittere Geschmacksnote und das Grobgehackte im Gemenge gibt aufgrund der geringeren Oberfläche kaum Aromastoffe an das Wasser ab. Somit wäre dieses Mahlwerkmodell von der Liste gestrichen. Warum, wie und womit man also korrekt mahlen sollte, wird nun erklärt:

Einfluss des Mahlgrads

Das Mahlen der gerösteten Kaffeebohnen ist die Grundvoraussetzung für die Zubereitung von Kaffeegetränken, denn es vergrößert die Oberfläche der Bohnen für den Kontakt mit Wasser. In jeder gerösteten Kaffeebohne stecken ca. 1000 verschiedene Aroma- und Geschmacksstoffe. Die flüchtigen Aromastoffe sind in den Zellen wie in einem Tresor eingeschlossen. Durch das Zerkleinern beim Mahlvorgang wird auch die Zellstruktur in den Kaffeebohnen aufgebrochen, dadurch werden Aromastoffe freigesetzt und können leichter und schneller im Wasser gelöst werden.

Abhängig vom Mahlgrad – grob bis sehr fein – verändert sich die Oberfläche des Kaffees und unterschiedlich viele Aromastoffe werden löslich. Leicht flüchtige Aromen werden sofort freigesetzt, verbinden sich mit dem Sauerstoff der Luft und sorgen für den intensiven Kaffeeduft beim Mahlen. Untersuchungen haben ergeben, dass gemahlener Kaffee nach etwa 15 Minuten ca. 60 % seines Aromas verloren hat. Daher sollte Kaffee immer portionsweise frisch gemahlen werden. Frei nach dem Motto: „Was man in der Nase hat, ist schon nicht mehr im Kaffee".

Je nach Mahlgrad vergrößert sich also die Oberfläche des Kaffees um ein Vielfaches. Das vergrößert auch die Angriffsfläche für das Wasser und ermöglicht so den schnelleren Transfer der löslichen Anteile in das Wasser und schließlich in die Tasse. Zum Vergleich: Wird eine Kaffeebohne beim Mahlen als Filterkaffee in etwa 500–800 Partikel „zerlegt", sind es bei der Espressomahlung schon rund 3500 Partikel und bei der sehr feinen Mahlung für türkischen Kaffee 30.000 kleinste Teile. Der Mahlgrad, d. h. die Anzahl und Größe der Partikel, in die eine Bohne zerkleinert wird, ist auch entscheidend für die Extraktionszeit.

Das ist die Zeit, die das Wasser benötigt, um durch den Kaffee zu laufen, bis die gewünschte Menge erreicht ist und die gewünschten Inhaltsstoffe aus dem Mahlgut gelöst sind. Je nach Zubereitungsart und Menge des Kaffees muss also der Mahlgrad entsprechend gewählt werden, nur so kann die gewünschte Extraktionszeit und somit der gewünschte Geschmack in der Tasse erzielt werden.

Der richtige Mahlgrad für jede Zubereitung

Für jede der verschiedenen Zubereitungsarten von Kaffee – z.B. den Handaufguss mit Filter, die Zubereitung mit der Karlsbader oder der French-Press-Kanne, mit der Filtermaschine, dem Vollautomaten oder der Siebträgermaschine – ist ein spezieller Mahlgrad des Kaffees nötig, um das Optimum an Aromen aus den gerösteten Bohnen herauszulösen. Je nach Wassermenge und Kontaktzeit mit dem Wasser muss die Oberfläche des Mahlgutes größer oder kleiner ausfallen, der Kaffee also gröber oder feiner gemahlen werden.

Bei der manuellen Zubereitung mit Handaufguss, French-Press- oder Karlsbader Kanne beträgt die Kontaktzeit mit dem Brühwasser – im Gegensatz zum Espresso – meist 2–3 Minuten. Der Röstkaffee sollte für diese Art der Zubereitung eher gröber gemahlen werden (durchschnittliche Partikelgröße von 0,6 mm bis 1 mm – wie grober Zucker). Wird der Kaffee für die Handfilterung zu fein gemahlen, verlängert sich die Extraktionszeit. Dabei werden vermehrt auch unerwünschte Bitterstoffe und Säuren gelöst.

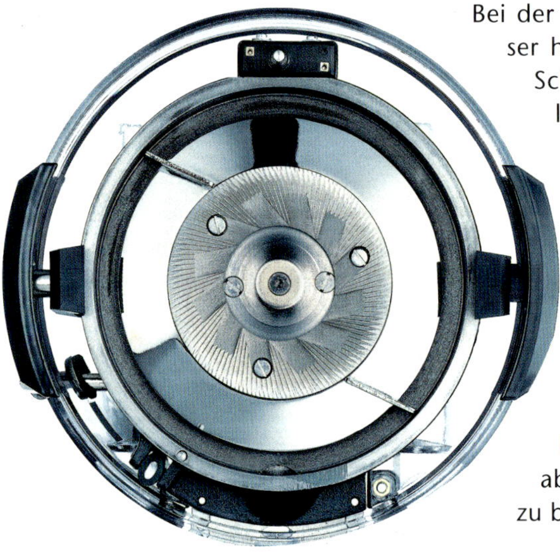

Bei der Maschinenfilterung läuft das Wasser häufig in mehreren Portionen – im Schwallbrühverfahren – 4–6 Minuten lang durch das Mahlgut im Filter. Hierfür sollte der Mahlgrad mittelfein sein (durchschnittliche Partikelgröße ca. 0,4 mm). Bei zu grober Mahlung läuft das Wasser zu schnell durch das Kaffeepulver und hat dabei nicht genügend Zeit, die Inhaltsstoffe zu lösen. Ist das Pulver hingegen zu fein, staut sich das Wasser im Filter und kann nicht oder nur sehr langsam ablaufen. Die Folge: Der Kaffee wird zu bitter.

Stärke oder Extraktion – was ist der Unterschied?

Ob der Kaffee über-, unter- oder akzeptabel extrahiert ist, kann mithilfe eines Refraktometers oder TDS-Meters (siehe Seite 32) festgestellt werden, welche die gelösten Stoffe messen. Aus einer Kaffeebohne ließen sich 30 % lösliche Stoffe extrahieren, unser Ziel ist aber die Extraktion von lediglich 18–22 %, um ungewollte Bitterstoffe zu vermeiden. Trotzdem kann man die Stärke in diesem Bereich variieren, indem man die Menge der Kaffeepartikel erhöht oder verringert. Stärkerer Kaffee ist also geschmacksintensiver, muss aber noch nicht überextrahiert sein.

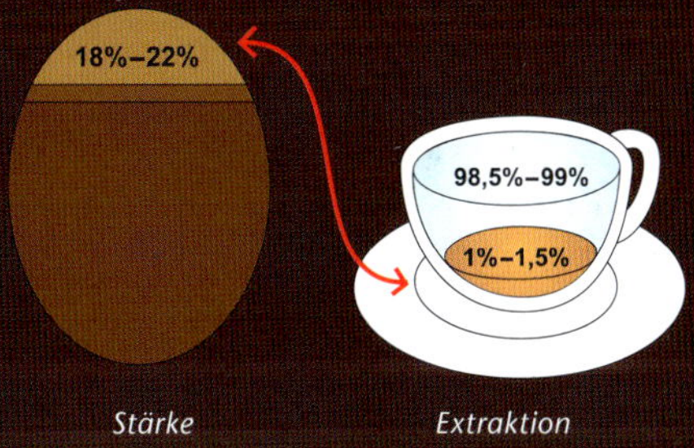

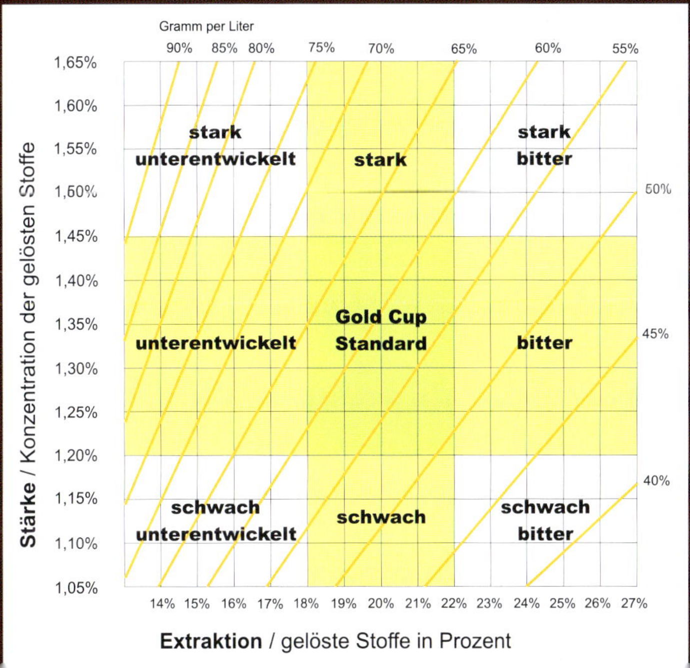

***Flache Mahlscheiben**: Die Bohnen fallen in die Mitte, werden von den scharfen Eckkanten zerkleinert und die Partikel durch die Fliehkraft nach außen geschleudert, wo sie im feineren Messerbereich noch kleiner geschnitten werden. Hier merkt man bei den letzten ein bis zwei Portionen Kaffee, dass der Druck des Kaffeegewichts fehlt und die letzten Bohnen gröber gemahlen werden.*

Verschiedene Mahlwerke

Die wahrscheinlich älteste Methode, Kaffeebohnen zu zerkleinern, ist das Zerstampfen in einem Mörser, wie es heute noch oft im Rahmen der äthiopischen Kaffeezeremonie praktiziert wird. Gleichmäßige Zerkleinerung und Partikelgrößen sind bei dieser Art des Mahlens allerdings nicht möglich. In vielen Haushalten findet man heute noch Mühlen mit Handkurbel oder mit Schlagmessern. Beide Varianten sind relativ preisgünstig, jedoch wird der Kaffee dabei weder besonders fein noch besonders homogen gemahlen.

Ein paar durchaus brauchbare und praktische Handmühlen sind die HARIO Slim, HARIO Skerton und ein deutsches Produkt, bei dem man sogar zwischen Keramik, Edelstahl und Titanscheiben wählen kann, die hübsche Comandante. Wir Kaffeefreaks haben immer eine dieser Mühlen mit einem Pour-over-Filter oder der AeroPress auf Reisen mit, um uns unsere Kaffees frisch zu mahlen und zu brühen.

Inzwischen setzen auch Privathaushalte immer häufiger auf hochwertige Mühlen, deren Technik aus dem professionellen Bereich stammt. Diese Profimühlen arbeiten hauptsächlich mit zwei verschiedenen Mahlwerktypen – dem Kegel- und dem Scheibenmahlwerk.

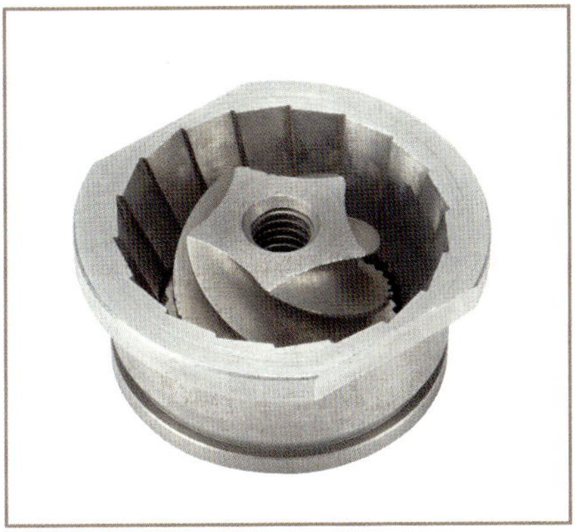

Konisches Mahlwerk: *Die Bohnen kommen von oben, anfangs noch mit dem Druck des Kaffeegewichtes, gegen Ende jedoch mahlt das konische Mahlwerk sehr grob und unregelmäßig, weil, anders als bei den flachen Mahlscheiben, die Fliehkraft ihren Beitrag nicht leisten kann. Ein kleiner Trick kann helfen, wenn man zu Hause nur einzelne Portionen mahlen möchte: Den Boden eines kleinen Pappbechers ausschneiden, anstelle des Trichters aufsetzen, Bohnenportion einfüllen, mit einem Tamper oder anderem Gewicht beschweren, sodass die Bohnen nicht hochhüpfen können und gleichmäßigem Druck ausgesetzt sind.*

Ein Mahlwerk besteht aus mehreren Komponenten: dem Mahlgehäuse, dem Motor und den Mahlscheiben oder -kegeln. Letztere lassen sich zueinander hin- und voneinander wegbewegen, um den Mahlgrad einzustellen. Dank der Gravitation fällt der gemahlene Kaffee nach unten und mithilfe der Fliehkräfte aus dem Mahlwerk heraus.

Kegelmahlwerke finden sich sehr häufig in Gastronomiemühlen für Espresso, die mit einem Dosiersystem arbeiten. Sie sind aus einem äußeren, starren Mahlkranz und einem beweglichen, inneren, konischen Mahlkegel aufgebaut. Die Einstellung des Mahlgrades erfolgt über die Verstellung des äußeren Kranzes. Der innere Mahlkegel wird von einem Motor angetrieben und zerkleinert die Bohnen mit 400 bis 900 Umdrehungen pro Minute. Ein Vorteil dieser Mahlweise ist die geringere Erhitzung des Mahlgutes, denn aufgrund der größeren Mahlfläche kommen diese Mahlwerke meist mit niedrigen Motordrehzahlen aus.

Die Mahlleistung von Kegelmahlwerken hängt stark vom Füllstand im Bohnenbehälter ab, was sich negativ auf die Dosiergenauigkeit beim Grind-on-Demand-Einsatz auswirken kann. Je weniger das Gewicht der Bohnen auf den Mahlkranz drückt, desto gröber werden die Bohnen gemahlen. Die langsame Motorgeschwindigkeit und die große Mahlfläche im Mahlwerk erfordern hohe Drehmomente (Newtonmeter, Nm) des Motors, weshalb der Antrieb von Kegelmahlwerken, und damit die gesamte Mühle, meist deutlich größer gebaut ist.

Mahlwerke mit flachen Mahlscheiben findet man heutzutage in sehr vielen professionellen Espressomühlen und als Einbaumühlen in den meisten Vollautomaten. Die gezahnten Mahlscheiben liegen flach übereinander, eine ist unbeweglich, die andere mit der Motorachse verbunden. Über die Regulierung des Abstandes der beiden Scheiben zueinander lässt sich der Mahlgrad sehr fein und meist stufenlos einstellen. Der leistungsfähige Motor sorgt für schnelle Umdrehungszahlen von bis zu 1600 Umdrehungen pro Minute und daher für extrem kurze Mahlzeiten von wenigen Sekunden. Die hohe Motordrehzahl (Umdrehung pro Minute) kann zu stärkerer Erhitzung des Mahlwerkes führen, was jedoch durch die kleinere Mahlfläche wieder ausgeglichen wird. Mühlen mit flachen Mahlscheiben sind zudem aufgrund der Motoren mit geringerem Drehmoment deutlich kompakter gebaut.

Oxidation & Aromaverlust

Kaffee ist sowohl im gerösteten als auch im gemahlenen Zustand ein empfindliches Gut. Durch das Aufbrechen der Zellen werden viele der Inhaltsstoffe überhaupt erst lösbar. Die Zellen beinhalten allerdings auch einen großen Anteil leicht flüchtiger Aromen, die mit dem Sauerstoff an der Luft reagieren (Oxidation). Man kann davon ausgehen, dass etwa 15 Minuten nach dem Mahlvorgang bereits über die Hälfte der Aromastoffe oxidiert und daher für die Zubereitung verloren gegangen ist. Durch die Oxidation werden die Fette im Kaffee schneller ranzig. Man kann das leicht an schon länger geöffneten Packungen Kaffee oder ungereinigten Bohnenbehältern riechen.

Tipp

Investieren Sie in ein gutes Mahlwerk, so wie ein Weinliebhaber sich gute Weingläser leistet, um den Geschmack voll auskosten zu können. Die Mühle muss regelmäßig und präzise gleichmäßiges Mahlgut erzeugen und sollte nicht zu viel Feinstaub und Grobgehacktes produzieren. Verwenden Sie also keine Mühle mit Schlagmessern.

Reinigung der Mahlwerke

Wichtig ist, wie bei allen Geräten im Haushalt, die Reinigung. Um den Geschmack des Kaffees nicht zu verfälschen, ist es wichtig, Reste aus dem Mahlwerk zu mahlen und die Mahlscheiben regelmäßig zu reinigen. Dies kann man auf verschiedene Arten tun: entweder mit einem Pinsel und / oder mit dem monatlichen Mahlen von Grindz (auf grober Mahlstellung!). Diese gepressten Cerealien-Brocken reißen die verklebten Kaffeereste beim Mahlvorgang wunderbar mit. Auch der Hopper / Trichter sollte oft von Kaffeestaub befreit werden, da dieser ebenfalls klebrig wird und die Kaffeefettreste ranzig werden. Am besten täglich mit einer Serviette auswischen und einmal wöchentlich im Geschirrspüler oder händisch mit heißem Wasser und Reinigungsmittel waschen. Der Anblick auf dem Bild rechts unten ist leider in vielen Gastronomiebetrieben, Büros und sogar manchen Haushalten alltäglich.

Verdreckter, fettiger Hopper

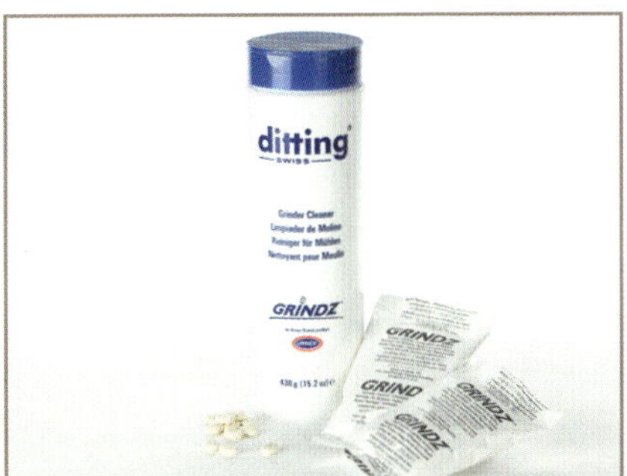

Grindz

Fossiler Kaffee auf Mahlscheibe

Mahlkönig k30 ES Espressomühle 1495,-

Das Gehäuse und die Kurbel der Comandante C40 sind aus Edelstahl gefertigt, zusätzlich ist die Mühle von einer Holzfurnier umgeben, was für einen angenehmen Griff sorgt. Das konische Mahlwerk gibt es aus Keramik, Titan oder hochwertigem Edelstahl. Letzteres wird empfohlen, damit die Bohnen eher zerschnitten als zerdrückt werden, was zu einem gleichmäßigeren Mahlergebnis ohne zu viel Kaffeestaub führt. Für eine optimale Kraftübertragung und leichtgängiges Kurbeln sorgen zwei Kugellager an der Zentralachse. Die C20 ist schmäler und passt sogar in den Innenkolben einer AeroPress zwecks platzsparenderem Transport auf Reisen.

Ein paar Fakten: Doppelt kugelgelagerte Mahlwerksachse, gekapselte Microkugellager, extrem feine Mahlgradverstellung mit deutlichen „Klicks" durch federgelagerten Mahlwerkskern, abnehmbarer Kurbelgriff aus massiver Eiche, spezielle Mahlwerksgeometrie für schneidende statt zerquetschende Zerkleinerung der Kaffeebohnen, einsetzbar für alle Mahlgrade von fein für Espresso bis grob für die French Press.

Die HARIO Skerton hat einen verschließbaren Glasbehälter und liegt durch ihren Antirutsch-Gummi perfekt in der Hand. Die HARIO Slim ist schmäler und eignet sich durch den leichteren Auffangbehälter aus Kunststoff gut fürs Handgepäck auf Reisen.

Elektrische Mühlen

Die Mahlkönig VARIO ist eine praktische, günstige Haushaltsmühle, die sehr fein adjustierbar ist. Sie hat drei programmierbare Zeittasten zur konstanten Mengenausgabe des Kaffeemehls.

Die GUATEMALA sieht man oft in Supermärkten im Kaffeeregal oder nach der Kassa stehen, wo sich Kunden den soeben gekauften Kaffee selbst mahlen können.

Ein typisches Filtermahlwerk ist die EK43. Wie die GUATEMALA ist sie ein Ladenmahlwerk, welches in kurzer Zeit kilowelse Kaffee mahlen kann, ohne zu überhitzen. Für Coffeeshops, die Filtermethoden anbieten, ist sie perfekt, für den Hausgebrauch hingegen eventuell etwas zu kostspielig. Andererseits zahlen wahre Kaffeefreaks manchmal sogar das Doppelte für ihre Espressomaschinen. Oft findet man solche Mühlen gebraucht im Internet oder bei Geschäftsauflösungen.

3 Wasserkocher

Hier steht eine große Auswahl zur Verfügung. Prinzipiell kann jeder normale Wasserkocher verwendet werden, wenn man ein digitales Thermometer besitzt. Digital deswegen, weil analoge Thermometer zu langsam reagieren. Es gibt auch Wasserkocher mit eingebauten Thermometern und der Möglichkeit, die gewünschte Temperatur digital einzustellen. Sogar das Kochen oder eine Warmhaltezeit können vorprogrammiert werden.

Ich habe die Erfahrung gemacht, dass das kochende Wasser auf rund 90–93°C abkühlt, wenn ich es in die Kanne, mit der ich gießen werde (Kettle), umfülle. Mit einem Thermometer prüfe ich, wann ich die gewünschte Temperatur erreicht habe. Es gibt auch schon Kettles mit eingebauter Heizplatte, die somit zugleich Wasserkocher sind.

Besonders ausgeklügelt sind Samovar-Geräte, die eine größere Menge Wasser auf Temperatur halten. Ein Überboiler von MARCO ist daher der Traum eines jeden Barista. Ein unter dem Tisch installiertes Gerät zur Wassererhitzung wird digital gesteuert. Das auf die gewünschte Temperatur erhitzte Wasser trifft direkt aus einem Wasserhahn auf den Kaffee, allerdings ohne Temperatur zu verlieren, wie es beim Umfüllen in eine Kanne geschieht. Die Temperatur bleibt dabei durchgehend konstant.

Wasserkocher für den Haushalt, bei dem man verschiedene Temperaturen wählen kann

Es ist jedoch kein Problem, wenn gegen Ende der Extraktion – wenn die guten Stoffe ohnehin schon gelöst sind – die Temperatur sinkt, da dadurch nicht zu viel ungewollte Stoffe extrahiert werden. Ein weiterer Vorteil des Überboilers ist auch die im Tisch eingebaute Waage, welche gleichzeitig als Abfluss dient. Wer die Waage nicht braucht, kann viel Geld sparen und den Untertischboiler mit Wasserspender von Bunn wählen.

Bunn Deutschland
Paul-Gerhardt-Allee 49/1
München
089-896-09950

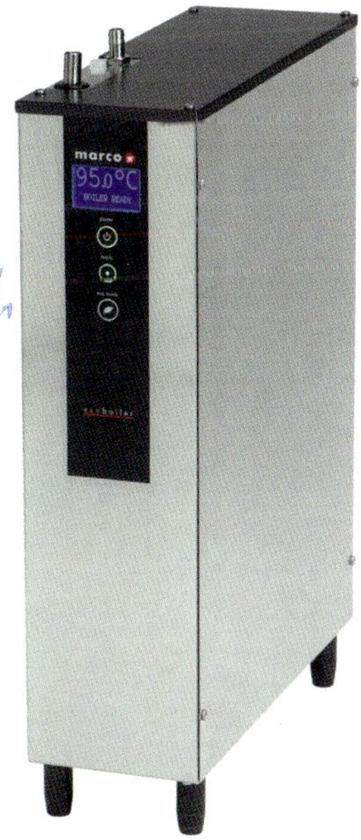

689,- $
Each

Links:
ein digital einstellbarer Wasserboiler, der unter den Tisch gestellt wird und das Heißwasser über eine zusätzliche Armatur am Tisch spendet

Rechts:
ein Boiler, den man auf den Tisch stellen und das Heißwasser direkt am Zapfhahn entnehmen kann

Bunn
H5X

Absolut erstklassig ist die modbar, die 2013 in den USA auf den Markt kam. Die Wasserboilermodule befinden sich unter dem Tisch und sehen mit ihrem digitalen Display und ihren Knöpfen wie Stereoanlagen aus. Oben am Tisch kann man die gewünschten Module platzsparend positionieren. In Zusammenarbeit mit MARCO und La Marzocco sind hier ein Brühmodul für Filter, eine Brühgruppe für Espressi und ein Dampfmodul entstanden, die technisch keine Wünsche offenlassen. Ich würde mir noch ein Zwischenreservoir mit Temperaturanzeige beim Brühturm wünschen, da ich es bevorzuge, wenn das Wasser beim Filtern abkühlt.

Hat der Dampfhahn sein Kondenswasser abgelassen, dampft er stark und trocken. Der Hebel bei der Espressogruppe kann programmiert oder manuell gesteuert werden. Es ist somit möglich, wie bei der LM Strada EP Gruppe ein Druckprofil zu benutzen. Für den Brühgriff am Filterturm gibt es verschiedene Auslässe: ein Loch zum Selbstführen des Strahls wie mit einer Kanne oder mehrere Löcher zum pulsierenden Brühen bei mittig fixiertem Griff. Das macht Sinn, wenn man das Brühprofil – also die Schwallintervalle – speichern will und den Turm selbst aufbrühen lässt. Das ist vor allem praktisch, wenn man mehrere Kaffees zugleich machen möchte.

Die Module sind also alle lernfähig, temperaturstabil, sehen gut aus und nehmen an der Bar nicht viel Platz weg!

4 Waage

Eine Waage, die grammgenau funktioniert, ist ein Muss. Sie sollte auch schnell und sensibel reagieren und nicht erst nach Veränderungen von fünf Gramm. Von der japanischen Firma HARIO gibt es sogar eine Waage mit eingebautem Timer.

5 Timer/Stoppuhr

Jeder beliebige Timer ist willkommen. Sanduhren hingegen sind nur für Tee geeignet, beim Filterbrühen zählen Sekunden. Ein großes Display ist von Vorteil, wenn die Uhr während des Brühens etwas weiter entfernt ist.

6 Cupping Spoon

Cupping Spoons (Verkostungslöffel) werden von den Profis zum Verkosten verwendet. Sie sind in verschiedenen Größen und Tiefen erhältlich.

Beim Cuppen wird ein Schluck Kaffee vom Löffel gesaugt und dabei mit Luft gemischt. Dadurch „versprüht" man den Kaffee im gesamten Mundraum und die Aromen werden bis in die Nase transportiert. Vorsicht: nicht inhalieren! Nur mit einem kurzen, starken Sog (ähnlich einem kurzen Erschrecken) Luft holen und gleich wieder stoppen. Fast geschlossene Zähne helfen beim „Sprühen". Je lauter das Geräusch, desto professioneller.

7 Kannen zum Aufgießen

Um beim Aufgießen maximale Kontrolle über die Brühzeit und Bewegung des Wassers durch den Kaffee zu erlangen, entwickelten japanische Kaffee-Experten eine einzigartige Kanne mit dünnem, langem Ausgießer, auch „Gooseneck" (Schwanenhals) genannt (Bild links). Damit kann man einen dünnen Strahl gut steuern.

Mit einem herkömmlichen Wasserkocher würde man das Wasser eher unkontrolliert und damit zu schnell ausgießen. Zur Not kann man eine Teekanne benutzen, in die man kochendes Wasser gießt. Beim Umfüllen kühlt es auch gleich ein wenig ab. Professioneller ist natürlich die Metallkanne.

Glaskaraffe mit V60

8 Server & Karaffen

Wenn man eine einzelne Tasse brüht, kann man den Filterhalter direkt auf die Tasse setzen, aus der man anschließend trinken wird. Brüht man aber mehrere Portionen mit einem größeren Filter, gibt es zwei Möglichkeiten:

1 Ich brühe in eine Karaffe oder
2 in einen Server zum Ausgießen danach.

Server mit V60

9 Refraktometer und TDS-Meter

Die ideale Extraktion nach „Gold-Cup-Standard" liegt bei 18–22 %igem Anteil gelöster Stoffe. Löst man mehr heraus, ist der Kaffee überextrahiert, löst man zu wenig, unterextrahiert. Um dies zu messen, gibt es drei Möglichkeiten:

1 Kaffee abwiegen, brühen, Kaffeesud trocknen, dann das Gewicht vergleichen und den Verlust in Prozent umrechnen.

2 Die schnellere Methode ist, ein Messgerät wie ein Refraktometer zu verwenden. Dieses misst mithilfe von Lichtleitfähigkeit die gelösten Stoffe.

3 Oder man greift auf ein TDS-Meter zurück, welches die Leitfähigkeit von im Wasser gelösten Stoffen misst. Man misst zuerst das reine Wasser und dann den gebrühten Kaffee bei Raumtemperatur, zieht den Wasserwert ab und ermittelt so die Menge der aus dem Kaffee gelösten Stoffe. Eine Tabelle oder die MoJoToGo-App auf Smartphones zeigt die gelösten Stoffe in Prozent an bzw. ob man sich im guten Bereich der Extraktion befindet.

Refraktometer und hilfreiche App zur Bestimmung der Extraktion

Die richtige Wasserhärte

Die Abkürzung TDS steht für gesamt gelöste Stoffe (total dissolved solids) und bezieht sich auf die Menge an gelösten organischen und anorganischen Substanzen, die im Wasser vorhanden sein können – wie Mineralien, Metalle und Salze. Im Wesentlichen fällt alles darunter, was sich im Wasser befindet, außer reinem H_2O und Schwebstoffen. TDS können aus natürlichen Quellen wie gelöstem Gestein oder von Menschen hergestellten Stoffen wie flüchtigen organischen Chemikalien stammen.

Vor allem harte und weiche Mineralien sind wichtige Bestandteile der TDS. Wasser ist leicht sauer, wenn es durch die Gesteinsformationen im Boden läuft und eine kleine Menge von Gestein in flüssiger Form löst. Es ist der Mineraliengehalt, der dem Wasser seinen Geschmack gibt. Ohne Mineralien wäre nicht nur das Wasser langweilig im Geschmack, sondern auch der Kaffee. Im Endprodukt nachweisbar sind Natrium, Kalzium, Chlorid, Magnesium. In Abhängigkeit von den Mengen und Kombinationen der gelösten Stoffe kann Wasser dadurch alkalisch (bitter), salzig oder metallisch schmecken. Das wirkt sich natürlich auch auf den Kaffeegeschmack aus. Ohne konstante TDS im Wasser kann die Kaffeequalität von stark und bitter bis schwach und unterentwickelt schwanken.

Während des Brühvorgangs werden Stoffe aus dem Kaffee gelöst. Diese werden als Teile pro Million (ppm) gemessen. **Niedrige Werte** an gelösten Partikeln, also 50–140 ppm, führen zu feinen Aromen und balancierten Kaffees. Dieses Wasser ist auch perfekt für Tee. Ein **mittlerer Wert** von 140–300 ppm führt zu einem reichhaltigeren Kaffee, der weicher und noch balancierter ist und im Espresso eine stärkere Crema aufweist. Unterschiede in diesem Bereich sind allerdings kaum zu erkennen. Ein **hoher TDS-Gehalt** von 500 ppm und mehr ist zu viel des Guten und bedenklich für Körper, Geschmack und Geräte.

Die Wasserhärte ergibt sich aus den gelösten Mineralien und kann bei zu hohen Werten zu verkalkten Geräten führen. Wichtig ist nicht nur die Menge an Kalk im Wasser, gemessen in deutschen Härtegraden (dH°), sondern auch der ph-Wert.

Die empfohlenen, von der SCAA veröffentlichten Wasserwerte sind

TDS	150 mg/l
Härte	52–68 mg/l
Alkalität	40 mg/l
Natrium	10 mg/l
pH	6,5–7,5

Ausführliche Informationen bekommt man bei Wasserfilterherstellern wie Evapure, BWT und Brita.

10 Brühstation

Brewbars werden in verschiedenen Größen gefertigt. Es gibt sie aus Holz, Metall, Plexiglas oder sogar selbst gebastelt mit in den Tisch geschraubten Kupferrohren. Der Brühständer passt für verschiedene Filterhalter, sogar für die AeroPress. Im Bild ein kleines Modell. Hier steht der Server geschützt und kann nicht so leicht umgestoßen werden.

Wichtige Tipps im Überblick

1 Lieber kleine Packungen kaufen und nacheinander frisch öffnen.

2 Bei Raumtemperatur in der Originalverpackung luftdicht lagern.

3 Nicht in andere Behälter umfüllen (zu viel frischer Sauerstoff bei jedem Öffnen).

4 Keine Vakuumdosen verwenden (so pumpt man die Aromen regelrecht heraus).

5 Keinen Temperaturschwankungen aussetzen (Kein Kühlschrank!), um beim Herausnehmen Kondensation zu vermeiden.

6 Portionsweise mit scharfem Mahlwerk mahlen (keine Schlagmesser).

7 Kaffeepackungen sofort wieder verschließen.

8 Das richtige Verhältnis von Kaffee zu Wasser verwenden.

9 Auf die Wassertemperatur achten.

10 Auf Quell- und Durchlaufzeit achten.

11 Geräte immer sauber halten – wie das Kochgeschirr.

Was passiert beim Brühvorgang?

Bringen wir Wasser in Kontakt mit Kaffee, werden lösliche Stoffe mit dem Wasser ausgelaugt und teilweise im Wasser gelöst. Verstehen Sie diesen Prozess, ist es leichter, die Kontrolle über den Kaffeegeschmack zu bekommen.

1 Das Quellen

Heißes Wasser setzt CO_2 frei. Während das Gas entweicht, kann das Wasser nicht gleichmäßig an den Kaffee heran. Deshalb muss der Kaffee zunächst gleichmäßig mit ein wenig Wasser befeuchtet werden. Nach 30 Sekunden, wenn der stärkste CO_2-Ausstoß vorbei ist, folgt der nächste Schritt, die Extraktion.

2 Die Extraktion

Extraktion bezeichnet das Lösen von festen Stoffen in Wasser und den Abtransport selbiger aus den Kaffeepartikeln. Die Temperatur beeinflusst, wie aggressiv das Wasser wirkt und somit wie die verschiedenen Stoffe gelöst werden.

Es ist wichtig, dass das Wasser gleichmäßig durch den gemahlenen Kaffee fließt. Wenn es an bestimmten Stellen aggressiver durch den Kaffee läuft, wird dort auch schneller extrahiert. Fließt das Wasser wiederum an einer Stelle zu langsam, wird ebenfalls zu viel extrahiert und das Ergebnis wird zu stark.

Das Wasser richtig zu gießen, ist eine absolute Notwendigkeit und setzt Kontrolle und etwas Übung voraus. Das Gießen verursacht Bewegung im Kaffee, jedoch nur dort, wo man gießt. Nutzt man die Wasseroberfläche, um die Energie des Wasserstrahls abzubauen, hilft das, die Bewegung beim Gießen zu kontrollieren. Man gießt zum Beispiel zunächst am Rand des Kaffeebetts, um alle Kaffeeteilchen ins Wasser zu mischen, und dann gleichmäßig bis zur Mitte. Effektives Gießen braucht also eine bewusste Balance zwischen zügigem und sanftem Fluss des Wassers. Kontrolliertes Chaos, sozusagen. Dies erlaubt ein sanftes Ausspülen und Extrahieren durch Gravitation. Ein wildes Wirbeln würde genauso wie ein zu starkes Umrühren ein Zuviel an Extraktion herbeiführen.

Hingegen sind viele Stau-Brühmethoden (siehe Kapitel „Immersion Brewing") aufgrund der durch die Filterform bedingten Wirbelungen am Ende der Brühzeit weniger balanciert.

3 Die Hydrolyse

Die dritte Reaktion beim Brühvorgang ist die Hydrolyse, das Aufspalten von Stoffen durch Reaktion mit Wasser. Sie benötigt ausreichend Zeit und Temperatur.

Es gibt also Stoffe, die im Zuge der Extraktion mit Wasser ausgeschwemmt werden, und Stoffe, die bei der Hydrolyse im Wasser aufgelöst werden.

Der Mahlgrad, also die Größe der Kaffeepartikel, bestimmt die freiliegende Oberfläche und die Distanz, die die gelösten Stoffe vom Zentrum des Partikels in die Lösung zurücklegen müssen. Die Oberfläche steigt exponentiell zum Durchmesser. Um also die Überextraktion an der Oberfläche zu minimieren, führen ein gröberer Mahlgrad und ein tieferes Kaffeebett zu besseren Ergebnissen.

Die Durchflussgeschwindigkeit des Wassers durch das Kaffeebett ist durch die Tiefe des Kaffeebetts, die Partikelgröße und das Partikelprofil bestimmt. Ein Partikelprofil, das zu viele „Fines", also Feinstaub enthält (mehr als 20 % < 700 µm), führt zum langsamen Durchlauf des Wassers und bitteren, überextrahierten Aromen.

500
02
HARIO
400

POUR-OVER

Händische überbrühende Filtermethoden

HARIO V60

Der beliebte kegelförmige Filterhalter aus Japan mit dem großen Loch: Dank der kompletten Rundung und spiralig gedrehten Rippen kann das Wasser bei dieser Methode gut seitlich und unten durch den Spitzfilter ablaufen.

Es gibt den V60 in zwei Größen und aus Keramik, Kunststoff und Glas. In der Glas-Ausführung kann man das gleichmäßige Abfließen des Wassers von den Seiten schön beobachten. Der angestrebte Mahlgrad bewegt sich je nach Größe des V60 zwischen fein und mittel – Richtlinie ist die Extraktionszeit von 2–3 Minuten. Die Filterpapiere sind dünner als andere, was ein großes Plus ist, da sie so weniger Papiergeschmack abgeben können. Die Form des V60 liefert wunderbare Kaffees. Wenn man vorsichtig in Spiralform von innen nach außen (oder umgekehrt) und nie ganz an den Rand des Kaffeebetts gießt, erzielt man eine gleichmäßigere Extraktion als bei herkömmlichen Filterautomaten.

Some
serious
shit.

Some
serious
shit.

Some
serious
shit.

Some
serious
shit.

Brühen mit dem V60

- Wasser auf 88–95°C erhitzen, je nach Kaffeesorte und Geschmack.
- Den Filter mit heißem Wasser spülen, dabei wird auch die Kanne darunter vorgewärmt (wieder entleeren nicht vergessen).
- Gemahlenen Kaffee einfüllen (je nach gewünschter Intensität 50–65 g pro Liter) und die Waage auf Null zurücksetzen.
- Kaffee anfeuchten und 30 Sekunden quellen lassen.
- Das Wasser in einem gleichmäßigen Strahl nicht zu wild, eher langsam, in einer Spiralbewegung auf den Kaffee gießen und dabei den Kaffee bis 1 cm unter dem Rand schwimmen lassen.
- Ständig nachgießen und auf das Gewicht des Wassers und die Zeit achten. Nach 1:15–1:45 Minuten sollte man mit dem Gießen fertig sein. Das Wasser lauft dann noch je nach Mahlgrad 15–30 Sekunden ab – die Gesamtbrühzeit beträgt also 1:30–2:15 Minuten. Es kommt stark auf die persönliche Vorliebe und die Röstung des Kaffees an, wie viel man extrahieren möchte. Lernen Sie Ihren Kaffee kennen!

Rezept

Matt Perger, Australien
World Brewers Cup Champion 2012
12 g Kaffee
200 g Wasser
97°C Temperatur
Gesamtbrühzeit: 2:20 Minuten
1,4% TDS
20,8% Extraktionsrate

Linktipp

▸ http://vimeo.com/11181154

Kalita Wave

Der Kalita-Filterhalter hat einen flachen Boden mit drei Löchern. Passend dazu ist der Filter flach und nach außen gewellt, daher auch der Name „Wave“.

Den Kalita-Filterhalter gibt es aus Glas und Metall. Die Löcher des Metall-Filterhalters sind kleiner, das verändert die Extraktion und der Geschmack wird etwas intensiver. Der Metall-Filterhalter hat außerdem am Boden einen Abstandhalter für den Filter eingeschweißt. Der Glas-Filterhalter hat dies nicht, deswegen ist es ratsam, den Papierfilter nach dem Befeuchten schön gleichmäßig am Boden des Filterhalters glatt zu drücken, damit das Wasser nicht schief aus dem Filterpapier läuft.

Der flache Boden sorgt für weniger Turbulenzen, als das bei kegelförmigen Filtern der Fall sein kann und führt so zu einer gleichmäßigeren Extraktion. Die Ziehharmonika-Filter bewirken, dass das Papier Abstand von der Filterwand hat, vergleichbar mit den Rippen bei anderen Filterhaltern. Der Mahlgrad ist mittel bis grob, fast wie bei der Chemex. Wie immer gilt: ausprobieren! Ich empfehle eine eher zügige, aber nicht zu wilde Gießtechnik und einen Mahlgrad, bei dem der Kaffee je nach Sorte in 1:45–2:15 Minuten fertig ist.

Bonney Johnson, eine der „Head-Baristi“ von Wrecking Ball Coffee Roasters

Tea Timer
Kalita
ZASSENHAUS
UNIT

Tea Timer
Kalita
ZASSENHAUS
UNIT
ON
TARE
Max.5000g d=1g

Tea Timer
Kalita
ZASSENHAUS
UNIT
ON
TARE
Max.5000g d=1g

Kalita

Brühen mit der Kalita Wave

- Wasser auf 88–95°C erhitzen.
- Den Filter mit heißem Wasser spülen und die Kanne wieder entleeren.
- Gemahlenen Kaffee einfüllen, anfeuchten und 30 Sekunden quellen lassen.
- Mit gleichmäßigem Strahl nicht zu tief gießen, dabei nie den Rand berühren.
- In 1:15–1:30 Minuten sollte das Gießen beendet sein, das Wasser muss jetzt nur noch von alleine durch den Kaffee laufen. Das sollte innerhalb von 1:45–2:15 Minuten abgeschlossen und der Kaffee servierbereit sein.

Rezepte

Erin McCarthy
World Brewers Cup Champion 2013
3 Wasserkannen, 2 davon modifiziert, um einen langsameren Strahl zu bekommen
24 g Geisha, Esmeralda Lino Lot grob gemahlen, Feinpulver ausgesiebt
380 g Wasser

Kurz nach dem Kochen anfeuchten, 45 Sekunden quellen lassen. Die erste Hälfte mit einer schnell fließenden Kanne gießen, danach mit 2 langsam fließenden Kannen gleichzeitig langsam nachgießen. Die hohe Wassersäule bremst den Strahl und verhindert Turbulenzen im unteren Teil des Kaffees, wodurch eher Süße hervorgeholt wird und nicht Bitterkeit. Gesamtbrühzeit: 3:30 Minuten

Nick Cho
Wrecking Ball Coffee Roasters
40 g Kaffee
550 g Wasser
97,2°C Temperatur
Gesamtbrühzeit: 3:35 Minuten
Metallfilterhalter

Storm Xaron Constantine Lunde bei Solberg & Hansen, Norwegen

Chemex

Die Chemex ist eine wunderschöne Glaskaraffe mit Holzmanschette oder Glasgriff. Ihre Filter sind zusammengefaltete Papier-Quadrate, wodurch unterschiedliche Papierstärken an der Glaswand entstehen. Als Alternative kann man aber auch den Dauerfilter Kone von Able Brewing benutzen.

Die Chemex wurde im Jahre 1941 von Peter Schlumbohm erfunden und von der Chemex Corporation in Pittsfield, Massachusetts, auf den Markt gebracht. Die Vorrichtung besteht aus einem sanduhrförmigen Glaskolben mit einem konischen Hals, der einem Erlenmeyerkolben ähnelt. Der Filter, hergestellt von derselben Firma, ist dicker als ein Standard-Kaffeefilter.

Chemex-Trinker bevorzugen einen gebleichten Filter, der wie jeder andere vor dem Brühen gut geschwemmt werden sollte. Die Seite, an der drei Lagen Papier übereinanderliegen, sollte sich beim Einlegen an der Ausguss-Seite befinden. Außerdem sollte der Filter nach dem Spülen immer noch gut und flach anliegen. Wie bei den anderen Brüharten den Kaffee anfeuchten und 30–35 Sekunden quellen lassen. Dann zuerst entlang des äußeren Randes des Kaffeebetts und danach bis zur Mitte in Spiralform weitergießen. Wenn die gewünschte Menge erreicht ist, den Filter sofort entfernen, um eine Überextraktion zu vermeiden.

Tipp

Wer eine Chemex benutzt, darf sich ein bisschen wie ein Star fühlen! In Ian Flemings *From Russia with Love* ist zu lesen, dass James Bond Kaffee von De Bry's, in der Londoner New Oxford Street, für seinen Frühstückskaffee in der Chemex zubereitet. In dem 1966 erschienenen Detektiv-Film *Harper* benutzt Paul Newman eine Chemex, um seinen Morgenkaffee zu brühen. Auch Mary Tyler Moore verwendet eine Chemex in ihrer Küche in der *Mary Tyler Moore Show* und Mia Farrow brüht damit in dem Film *Rosemary's Baby.*

UNIT
ON TARE

28
UNIT
ON TARE

50.6
UNIT
ON TARE

Tea Timer
UNIT
ON TARE

Brühen mit der Chemex

- Spülen Sie den Filter mit heißem Wasser; dies dient zum Vorwärmen aller Teile und Reinigen des Filters.
- Leeren Sie das Wasser aus und füllen Sie den Filter mit gemahlenem Kaffee.
- Beginnen Sie mit der Prä-Infusion: Gießen Sie etwa 10 % der gesamten Wassermenge gleichmäßig über den Kaffee, starten Sie einen Timer und warten Sie 30 Sekunden – die Gase entweichen, der Kaffee quillt.
- Gießen Sie unmittelbar danach in langsamen, kreisenden Bewegungen von innen nach außen und halten Sie dabei die Kaffeepartikel kontrolliert in der Schwebe.

Gesamtbrühzeit: 2–3 Minuten

ZASSENHAUS
UNIT
ON
TARE
Max.5000g d=1g

Kone

Dieser Dauerfilter kann sowohl in der Chemex als auch in der HARIO V60 verwendet werden. Dabei ist jedoch zu beachten, dass gröber gemahlen werden muss, auch wenn es so scheint, als wären die Löcher größer als jene im Papierfilter.

Der gelaserte Kone-Kaffeefilter ist ein aus Edelstahl bestehender, wiederverwendbarer Filter, der wenig Öle und Sedimente filtert. Dadurch erhält man eine sehr weiche Tasse Kaffee mit vollerem Körper, als das mit einem Papierfilter der Fall wäre. Der Kone ist groß und lässt sich vergleichsweise sehr hoch befüllen, dafür fließt das Wasser trotz eines gröberen Mahlgrads deutlich langsamer durch den Kaffee als bei der Verwendung von einem Papierfilter. Er wurde entwickelt, um den bestmöglichen Kaffee für diejenigen zu bieten, die eine nachhaltige Alternative zum Papierfilter suchen.

Rezepte

Toby Maxwell @ Gimme!
30 g Kaffee
60–90 g Wasser zur Prä-Infusion, ca. 30 Sekunden quellen lassen, ca. 200 g Wasser in die Mitte gießen, spiralig nach außen, dann wieder 200 g bei anfangs 92°C.
Gesamtbrühzeit: 3–4 Minuten

Linktipp

▸ http://www.gimmecoffee.com/blog/learn_coffee/homebrewing_ala_chemex/

Mein Rezept
30 g Kaffee
500 g Wasser
92°C Temperatur
30 Sekunden quellen lassen
Gesamtbrühzeit: 2:30 Minuten

Intelligentsia
55 g frisch gemahlener Kaffee
750 cl Wasser mit 95°C

ZASSENHAUS
UNIT
TARE

ZASSENHAUS
UNIT
TARE

Some
shit

Brühen mit dem Kone

- Spülen Sie zunächst den Filter mit heißem Wasser; dies dient zum Vorwärmen vor dem Gebrauch.

- Leeren Sie dieses Wasser weg und füllen Sie den Kone mit gemahlenem Kaffee. Leichtes Klopfen an die Kanten hilft, das Kaffeebett zu glätten. Beginnen Sie eine kurze Phase der Prä-Infusion: Gießen Sie etwa 10% der gesamten Wassermenge gleichmäßig über den Kaffee, starten Sie einen Timer und warten Sie 30–45 Sekunden – die Gase entweichen, der Kaffee quillt.

- Gießen Sie unmittelbar danach in langsamen, kreisenden Bewegungen von innen nach außen und halten Sie dabei die Kaffeepartikel kontrolliert in der Schwebe.

Gesamtbrühzeit: 2–3 Minuten, eventuell auch länger.

Rezept

Intelligentsia
44 g Kaffee
700 g Wasser
93°C Temperatur

100 g Wasser zum Quellen gießen und 90 Sekunden vorbrühen. Dann langsam weitergießen, bis die Waage 700 g zeigt.
Gesamtbrühzeit: ca. 3:30–4 Minuten

NO
SMOKING
COFFEE
of Aloha

Bee House Dripper

Der Keramikfilterhalter hat sich in der letzten Dekade zu einem Liebling vieler Kaffeeliebhaber entwickelt. Er ist einfach und praktisch für nahezu jede Anwendung und bietet so eine frische Alternative zur automatischen Filterkaffeemaschine.

Keilförmig designt mit zwei Ablauflöchern am Boden hat der Filterhalter zwei Öffnungen auf beiden Seiten der Basis, um das Überlaufen der Tasse oder der Karaffe zu verhindern. So kann man den tropfenden Kaffee beobachten. Für die große Variante des Bee House Drippers benötigt man die herkömmlichen Nr. 2- oder Nr. 4-Papierfilter, während in die kleinere nur Filter der Nr. 2 passen. Bei der Zubereitung empfehle ich den Kaffeesatz anzufeuchten, 30 Sekunden quellen zu lassen und langsam, in konzentrischen Kreisen zu gießen beginnen, bis das Wasser fast an den Rand des Filterhalters gestiegen ist. Dann verringert man die Geschwindigkeit und gießt weiter, bis die gewünschte Wassermenge erreicht ist.

Vergleich Porzellanfilterhalter mit einem, zwei oder drei Löchern:
Je weniger Löcher, umso mehr wird aus dem Kaffee extrahiert. Die beste Tasse bei einem Versuch des Onlineshops „Sweet Marias" war ein durch mehr Kaffeepulver und weniger Wasser stärker dosierter Filterkaffee. Durch einen Ein-Loch-Filter gebrüht, wurde er danach mit etwas extra Wasser verdünnt.

Rezept

Scott Conary, WBC Judge
50 g Kaffee
400 g Wasser
93°C Wassertemperatur

Kaffee mit 50 g Wasser 30 Sekunden quellen lassen. 150 g Wasser kreisrund nachgießen für leichte Turbulenzen, dann 200 g Wasser nur mehr für das Volumen gießen, um den Kaffee am Schwimmen zu halten, ohne Turbulenzen.
Gesamtbrühzeit: ca. 3:15 Minuten

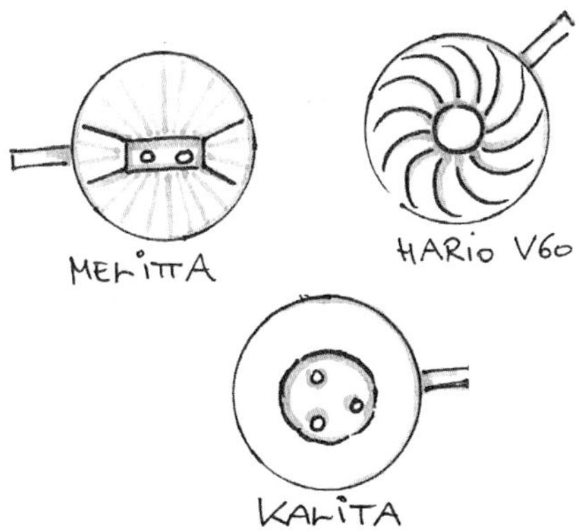

Woodneck

Eine wunderbare Methode, Kaffee zu brühen. Der Woodneck filtert mithilfe eines Flanellsiebs, das bei sorgfältiger Reinigung immer wieder verwendet werden kann. Aufgrund des Flanellfilters wird der Woodneck auch liebevoll „Nel Pot" genannt. Selbiger lässt nicht zu, dass zu viele Sedimente in die Tasse gelangen.

Zuerst konnte ich nicht glauben, dass ein Kaffee, der durch eine hängende braune „Socke" gebrüht wurde, geschmacklich überzeugen kann. Allein der Gedanke an die Reinigung machte mir Sorgen. Wäscht man den Stofffilter mit Spülmittel, bleiben seifige Rückstände zurück. Spült man ihn nur mit heißem Wasser, bleiben Reste von Kaffeeölen und Sedimenten im Gewebe. Dazu kommt der Kalk des Wassers – immerhin wird sogar mein Baumwoll-Teefilter nach ein paar Monaten des ständigen Spülens steif und muss ausgetauscht werden.

Tipp

Für die optimale Lagerung das Flanellsieb nach dem Waschen nass in einen verschließbaren Gefrierbeutel (Ziploc-Beutel) legen und im Kühlschrank aufbewahren.

Trotzdem sollte man nicht über etwas urteilen, bevor man es nicht selbst ausprobiert hat, und zugegeben, ich mag die kleine Glaskaraffe mit der Holzmanschette allein aus optischen Gründen. Also probierte ich den Woodneck aus und siehe da, der Kaffee war wirklich gut. Die ersten paar Male übertrug sich der Eigengeschmack des Flanells noch auf den Kaffee. Danach allerdings – mit angepasstem, gröberem Mahlgrad – erhielt ich eine äußerst klare Tasse, die sehr gut schmeckte.

ZASSENHAUS
UNIT
ON
TARE

ZASSENHAUS
UNIT
ON
TARE

Brühen mit dem Woodneck

- Wie bei allen Kaffeezubereitungen eventuell gefiltertes Wasser auf 85–95°C erhitzen. Auch bei dieser Methode empfiehlt es sich, die Temperatur mit einem Thermometer zu überprüfen.

- Spülen Sie Ihren Flanellfilter mit heißem Wasser. Tun Sie dies direkt über dem Woodneck, das wärmt gleichzeitig das Gefäß vor. Vergessen Sie nicht, dieses Wasser zu entleeren!

- Wiegen Sie den Kaffee. Für den kleinen Filter (1-cup) benötigen Sie etwa 18 g.

- Mahlen Sie Ihren Kaffee so, dass die gewünschte Wassermenge in 2–2:30 Minuten durch den Kaffee läuft (30 Sekunden Quellen inklusive). Auch das kann ein paar Versuche benötigen.

- Den Kaffee gut im Filter verteilen. Feuchten Sie den Kaffee vorsichtig mit ca. 30 g Wasser an und lassen Sie ihn für 30 Sekunden quellen.

- Langsam 210–240 g Wasser nachgießen. Am besten mit einer passenden Kanne, die genügend Kontrolle zulässt, um langsam und kreisend zu gießen. Nicht den Rand des Filters abspülen! Bleiben Sie in der Mitte, bewegen Sie den Wasserstrahl einfach langsam im Kreis. Wie bei allen Brühmethoden soll die Zeit des Gießens nicht viel mehr als 1:30 Minuten betragen. Dann kommt noch die Rest-Tropfzeit dazu.

- Spülen Sie den Flanellfilter im Anschluss gut aus, bringen Sie ihn wieder an seinen kalten, nassen Lagerplatz und genießen Sie eine spektakuläre Tasse Kaffee mit einer unglaublichen Vielfalt an Aroma, Klarheit und Körper.

Natürlich sollten Sie mit verschiedenen Mahlgraden und Brühtemperaturen sowie der Menge experimentieren, um Ihre ideale Tasse zu finden. Nach ein paar Monaten kann es dann, je nach Häufigkeit Ihres Kaffeegenusses, notwendig sein, den Flanellfilter gegen einen frischen auszutauschen.

Filter aus aller Welt

In Zeiten vor der Melitta-Filtertüte hat man bereits mit interessanten Geräten Kaffee gefiltert. Viele Methoden werden heute noch verwendet.

Brasilien – Baumwollfilter

Den Baumwollfilter findet man am Stiel oder auf einem Gestell befestigt. Manche behaupten: je brauner der Stoff, desto besser der Kaffee. Das bezweifle ich in Anbetracht der Kaffeereste und ranzigen Ölpartikel, will mich aber nicht gegen alte Traditionen auflehnen. Vielleicht hilft auch hier das Lagern im Ziploc-Beutel.

„Brasil-Socken"

Vietnam – Dosenfilter

Hierbei handelt es sich um kleine Metalldosen mit doppeltem Boden und Deckel (siehe Foto links). Man setzt die Dosen direkt auf die Kaffeetasse, bevor man zu gießen beginnt. Durch das Einklemmen des Kaffees zwischen den Böden wird er komprimiert und das Wasser kann gleichmäßig durchfließen.

Obwohl in Vietnam Kaffee oft nur im Kochtopf gemeinsam mit Kondensmilch und Zucker aufgekocht wird, ist diese kleine Dose (bei der es sich um einen Dauerfilter handelt) weit verbreitet. Die gleiche Konstruktion habe ich, allerdings aus Silber, in einem französischen Laden gekauft. Hier wurde wiederum behauptet, dass die Methode aus Frankreich stamme. So oder so, ich finde den extrahierten Kaffee – richtig zubereitet – besser als den jeder Karlsbader Kanne (ihr möchte ich in diesem Buch absichtlich keine weitere Bedeutung beimessen, da ihr Boden so grob gelocht ist, dass der dazu benötigte Mahlgrad des Kaffees lediglich eine Spülung des Mahlguts zulässt).

Brühen mit dem Dosenfilter aus Vietnam

- Deckel ab- und Innenboden herausnehmen.
- Mit Kaffee befüllen und den Innenboden wieder anschrauben, bis der Kaffee komprimiert ist. Nicht zu fest, er soll noch expandieren können und das Wasser nicht zu lange zurückstauen.
- Auch hier würde ich den Kaffee etwas anfeuchten, warten und dann weitergießen, bis das Döschen voll ist.
- Deckel aufsetzen, damit das Wasser nicht abkühlt, und warten, bis alles durchgelaufen ist.
- Das Ergebnis ist ein starker schwarzer Kaffee.

Costa Rica – Bolsita

„Chorreador" heißt das Holzgestell, „Bolsita" der Baumwollfilter. Auch dieser Filter wird vor und natürlich nach dem Brühen heiß ausgespült. Am besten lagert man ihn nass im Ziploc-Beutel im Kühlschrank. Laut vielen Costa Ricanern soll man den Bolsita nie mit Seife waschen, sondern, um das Öl zu entfernen, kräftig mit Salz abreiben.

Japan – Katan

Wer auf Reisen zu bequem ist, Equipment zu reinigen, kann sich den Einwegfilter von Kalita, genannt „Katan", zulegen. Flach wie er ist, passt er in jede Handtasche. Die einzige Frage, die sich dann noch stellt, ist, woher man frisch gemahlenen Kaffee bekommt. Für zwei bis drei Tage kann man sich zumindest vorgemahlene, verschweißte Portionen abpacken. Auf längere Reisen würde ich allerdings eine kleine Handmühle mitnehmen. Es gibt aber auch schon mit Kaffee gefüllte, einzeln abgepackte Filtertüten.

Dänemark – „Fertigbeutel“

Diese interessante Kaffepackung bzw. Brühmethode wurde von der Firma Grower's Cup entwickelt. Sie bietet Single Origin Kaffees, bereits gemahlen, in Beuteln an. Man muss nur mehr heißes Wasser hinzufügen, etwa 5–8 Minuten ziehen lassen und dann den fertigen Kaffee wieder ausgießen.

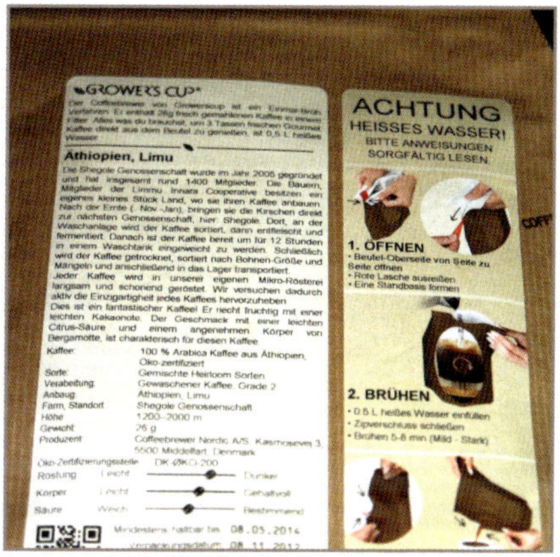

Bei diesen Methoden wird der Kaffee vor dem Filtern zum Ziehen schwimmend im Wasser belassen – ähnlich wie das bei Tee der Fall ist. Darum gab ich dem Kaffee der Stempelpresskanne zunächst den Beinamen „Kaffee-Tee". In der Zwischenzeit habe auch ich mit diesen Methoden experimentiert und mit veränderten Parametern auch hier gute Tassen Kaffee zustande gebracht.

Man muss sich natürlich bewusst sein, dass hier nicht ständig neues Wasser nachkommt und durch schon teilweise ausgelaugten Kaffee rinnt, sondern dass jeder Kaffeepartikel ohne Kompression, also ohne an seinen Nachbarn gepresst zu werden, frei im Wasser schwimmt. Die Aromen werden dadurch kräftiger, der Körper voller. Aber auch die feinen Sedimente tragen zur – nicht immer positiven – Geschmacksverstärkung bei. Diese lässt sich durch die Feinheit des gewählten Filters variieren.

Im Bild: Stefanos Domatiotis bei der World Barista Championship

IMMERSION BREW

Tauchbrühung

Clever Dripper

Der Clever Dripper ist eine Hybrid-Filtermethode. Auf den ersten Blick scheint es, als wäre er ein normaler Filterhalter mit einem Papierfilter. Der Clever Dripper hat allerdings einen einzigartigen Verschluss- und Auslösemechanismus, um den Kaffee und das Wasser länger in Verbindung zu halten, bis man den Kaffee dann tatsächlich in die Tasse rinnen lassen möchte.

Deswegen ist er ein sogenannter „full-immersion brewer". Der Clever Dripper nimmt jedoch nur die Menge Wasser auf, die beim ersten Eingießen Platz findet. Da nichts abrinnt, ist er schnell voll. Man kann noch etwas Wasser beim Abrinnen nachgießen. Aufgrund des längeren Kontakts mit dem Wasser sollte der Kaffee unbedingt gröber gemahlen werden, damit er nicht überextrahiert wird. Zum „Ablassen" passen beide Servierkannen der Firmen HARIO und Kalita gut. Man kann aber auch einfach eine Tasse verwenden. Der Clever Dripper ist aus Kunststoff und eignet sich dadurch gut auf Reisen.

Rezept

Michael Phillips
Handsome Coffee Roasters, mehrmaliger U. S. Barista Champion
20 g Kaffee
300 g Wasser
94°C Temperatur

Michael lässt den Kaffee nicht quellen, sondern gießt gleich bis an den Rand des Drippers auf und verschließt diesen mit dem Deckel. Nach einer Minute nimmt er den Deckel ab und bricht die Kruste, indem er einmal gründlich umrührt. Dann setzt er den Deckel wieder auf und lässt den Kaffee weitere 2:30 Minuten ziehen. Danach nimmt er den Deckel wieder ab, rührt noch einmal um, setzt den Dripper auf eine Servierkanne oder, je nach Größe, eine Tasse und lässt den Kaffee abrinnen.

Brühen mit dem Clever Dripper

- Den Filter mit heißem Wasser spülen und anschließend das Wasser wieder abgießen.
- Den Clever Dripper auf eine Waage stellen, den gemahlenen Kaffee einfüllen und tarieren (Kaffee gröber mahlen).
- In langsamen, gleichmäßigen Spiralbewegungen Wasser bis zum Rand eingießen, die Menge merken.
- Den Deckel darauf setzen und 1:30–2 Minuten ziehen lassen.
- Den Clever Dripper auf einen Server oder eine Tasse stellen, der Mechanismus öffnet den Boden, der Kaffee fließt ab.
- Die fehlende Menge Wasser dazugießen, ohne Turbulenzen zu erzeugen.

Gesamtbrühzeit: 2:30–3:30 Minuten

French Press

Parlez-vous français? Die Stempelpresskanne (French Press) liefert guten, günstigen Kaffee für zu Hause.

Oft gibt es solche Kannen sogar schon im Discounter zu kaufen. Der Schlüssel zum Erfolg ist, wie immer, die Verwendung hochwertiger, frischer Bohnen, das Mahlen, ein sauberes Gerät, gutes Wasser sowie das Verhältnis von Kaffee zu Wasser und deren Kontaktzeit. Die French Press ist ein Klassiker und wahrscheinlich die am weitesten verbreitete Brühvorrichtung. Sie besteht aus einem Glas- oder Metallgefäß und einem Kolben mit Sieb am Ende, der den Kaffeesatz vom Wasser trennen soll. Da die Filter nicht immer sehr fein sind, sollte man eher gröber mahlen. Die French Press bietet eine vollmundige Tasse Kaffee, weil sie mehr Sedimente und Öle durch den Filter lässt als andere Methoden.

Nach dem Gebrauch sollte man die Teile komplett auseinandernehmen und reinigen! Zwischen dem Sieb und den Halterungen setzen sich gerne Kaffeereste und Öle fest.

Rezept

Mario Felix Liebold, Erste Tegernseer Kaffeerösterei

1. Die Glaskanne mit heißem Wasser vorwärmen, damit es Energie bekommt und der Kaffee nicht zu schnell auskühlt. Das Wasser wieder ausgießen.
2. 60–65 g Kaffee grießgrob gemahlen (!) auf 1 Liter Wasser
3. Kaffee in die Kanne füllen.
4. Mit 250 g Wasser (92–94°C) aufgießen, dazu eine Waage benutzen (!).
5. 10 Sekunden gut umrühren.
6. Auf 1 Liter aufgießen und den Deckel aufsetzen.
7. Den Stempel nach 2:30 Minuten – max. 3:30 Minuten – runterdrücken.
8. Den Kaffee, sollte er nicht direkt in die Tassen geschenkt werden, in eine Thermoskanne umgießen.

Brühen mit der French Press

- Wärmen Sie die Kanne mit heißem Wasser vor.
- Entleeren Sie das Wasser wieder und füllen Sie Kaffee ein.
- Mit ca. 10 % des 90–95 °C heißen Wassers aufgießen, den Kaffee quellen lassen, dann den Rest hinzufügen.
- Den Deckel mit hochgezogenem Kolben aufsetzen und 3–5 Minuten ziehen lassen.
- Dann den Kolben langsam nach unten drücken.
- Man kann aber auch, wie bei einem professionellem Cupping, gleich das gesamte Wasser eingießen und eine Kruste an der Oberfläche entstehen lassen, die man nach 4 Minuten bricht und umrührt, bevor man den Sud mit dem Kolben nach unten presst.

Espro Press

Die Espro Press ist eine Weiterentwicklung der French Press. Sie besteht aus einem Doppelfilter, durch den weniger Sedimente gelangen, und einer Metallkanne, durch die der Kaffee heißer bleibt. Da außerdem der Kaffee nicht im Behälter bleibt, wird eine Überextraktion des Kaffees vermieden. Ihre Mikrofilter sind 9–12-mal feiner als herkömmliche Filter.

Die Handhabung funktioniert genau so wie die jeder herkömmlichen French Press. Frischen Kaffee verwenden, Wasser aufgießen, Deckel bei hochgezogenem Stempel verschließen und rund 4 Minuten ziehen lassen. Danach langsam hinunterdrücken. Die spezielle Filterform hält den Kaffeeschlamm und die verbleibende Flüssigkeit am Boden und lässt nichts mehr nach oben durch. Somit schmeckt die letzte Tasse wie die erste.

Linktipp

▸ http://espro.ca/espro-press/

Der extrem feine Filter lässt kaum Sedimente durch: hier im Größenvergleich mit einer Nadel.

Café Solo und Madam Solo

Die zwei Hübschen: die elegante Kanne und die Karaffe im „Tauchanzug".

Tolles Design und fantastischer Kaffee vereinen sich in der Café Solo (Foto unten) zu perfekter Harmonie. Diese kurvige Karaffe funktioniert ähnlich wie eine French Press, nur ohne Kolben. Im Deckel ist ein Sieb eingebaut, das den Kaffee beim Ausgießen zurückhält, und ein Neopren-Mantel schützt den Kaffee vor dem frühzeitigen Abkühlen.

Man befüllt die vorgewärmte Karaffe mit Kaffee und Wasser. Mit dem mitgelieferten Rührstab kann man einmal vorsichtig umrühren, dann sollte man das Gemisch 4 Minuten ziehen lassen. Durch die längere Brühzeit empfiehlt sich eine gröbere Mahlung. Verglichen mit der French Press wird die Tasse etwas reiner im Geschmack, wahrscheinlich, weil die Wirbelbewegungen, die beim Drücken des Kolbens entstehen, hier wegfallen. Um den Geschmack zu intensivieren, kann man nach der Hälfte der Brühzeit die Café Solo einmal schwenken. Durch die mithilfe von Bewegung erzeugte Energie werden mehr Stoffe extrahiert.

Die zweite hübsche, gleich funktionierende Methode ist die Madam Solo (siehe Fotos links).

Sowden SoftBrew

Diese hübsche Kanne eignet sich zur Kaffeezubereitung am Tisch und funktioniert wie eine normale Teezubereitung in der Kanne.

Es gibt die Sowden SoftBrew in verschiedenen Größen: für 4, 8 oder 12 Tassen (siehe Fotos rechts). Der Filtereinsatz wird in die Kanne gehängt, Kaffee eingefüllt, dann mit Wasser aufgegossen und je nach Geschmack ziehen gelassen. Je höher die Tassenanzahl, desto gröber sollte der Kaffee gemahlen werden.

Nach dem Brühen gießt man den fertigen Kaffee gleich in die Tassen oder entnimmt den Filter, um eine Überextraktion zu vermeiden.

Rezept

Mein Rezept
60 g Kaffee
1 l Wasser
88–95°C Temperatur
Ziehzeit: 3–5 Minuten

Linktipp

- http://www.sowden.co/pages/softbrew/coffee.html

Gemahlener Kaffee, Heißwasser und mehr als nur Erdanziehungskraft: Für Liebhaber kräftigerer Kaffees könnten diese Methoden sicherlich interessant sein.

Manche möchten die AeroPress und den Siphon den Immersion Brew-Methoden zuordnen. Das ist allerdings nur bedingt richtig. Die Partikel schwimmen zwar frei, jedoch setzen wir sie noch zusätzlichem Druck aus oder wie beim Siphon einem zügigen Druckausgleich. In jedem Fall werden bei diesen Methoden durch mehr Druck bzw. einen Druckausgleich während der Extraktion schneller mehr Stoffe aus den Kaffeepartikeln gelöst. Wie bei allen Methoden muss der Mahlgrad gemäß Menge und Geschmacksvorlieben angepasst werden. Auch die Wassertemperatur trägt wesentlich zum Geschmack bei. Die French Press gehört für mich nicht zu den Methoden mit Druck, da ich mit dem Herabdrücken des Filterstempels lediglich die Kaffeepartikel am Boden sammeln und halten möchte, um den bereits extrahierten Kaffee möglichst ohne Sedimente darüber ausgießen zu können. Nur die beim Herabdrücken erzeugten Wirbel können noch zu leichten Veränderungen führen, deshalb soll man auch langsam drücken.

FILTERKAFFEE UNTER DRUCK

DRINK COFFEE!
You can sleep
when you're dead.

Mokkakanne

„Mokkakannemokkakannemokkakannemokkakanne…"
Mokka ist das Wort für einen starken schwarzen Kaffee – das war es schon, bevor es Espressomaschinen gab. Mit einer Mokkakanne kann man starken schwarzen Kaffee machen! **Keine Espressi!**

Die Mokkakanne ist keine Espressomaschine! Nur, weil die Methode aus Italien kommt und der Kaffee stärker ist – oft durch eine falsche Brühmethode –, hat er physikalisch noch nichts mit einem Espresso zu tun. Für den benötigt man viel mehr Druck und daher eine Maschine mit Pumpe oder Federzug. In der Mokkakanne entsteht nur ein Druck von 1,1 bar. 1 bar beträgt allein schon der normale Luftdruck.

In der Höhe sinkt der Luftdruck und damit der Siedepunkt des Wassers alle 300 Meter um 1°C, was ebenfalls die Extraktion beeinflusst, wenn man die Mokkakanne in die Berge mitnimmt.

Bei der Mokkakanne wird das Wasser im untersten Behälter erhitzt. Dadurch erwärmt sich auch die darin befindliche Luft (nie Wasser über das Sicherheitsventil füllen!) und dehnt sich aus. Dabei verdrängt die Luft das Wasser durch das Sieb, den Kaffee und das obere Sieb, bis in die Kanne darüber.

Der wichtigste Moment bei der Kaffeezubereitung mit der Mokkakanne ist gekommen, wenn der letzte Tropfen aus dem Röhrchen in der Mitte nach oben gestiegen ist. Dann muss die Kanne weg vom Herd und wird am besten in ein feuchtes, kaltes Tuch eingeschlagen, um ein Nachdampfen zu verhindern.

Auch hier ist neben den üblichen Parametern wie Menge, Mahlgrad und Extraktionsdauer die Sauberkeit des Geräts sehr wichtig. Nach jeder Benutzung sollte man die Gummidichtung herausnehmen und reinigen sowie alle Siebe und Durchgänge von eingebrannten Fett- und Kaffeeresten befreien.

Brühen mit der Mokkakanne

- Das Wasser vorheizen! Wenn man mit kaltem Wasser beginnt, erhitzt sich die gesamte Mokkakanne sehr stark und der Kaffee wird bitter, dünn und harsch, mit metallischem Beigeschmack. Denken Sie daran, dass eine Elektroplatte langsamer heizt als ein Gasherd, die Kanne selbst aber schnell heiß wird und somit auch der noch trockene Kaffee im Sieb. Heißes Wasser bis unter das Ventil in den unteren Behälter füllen.

- Kaffee frisch mahlen, den Filter locker bis zum Rand füllen und den Kaffee gleichmäßig verteilen. Nach zweimaligem Aufklopfen am Tisch sollte sich der Kaffee gerade bis zu zwei Millimeter unter den Rand gesetzt haben. Filter einsetzen.

- Obere Kanne aufschrauben, alles zusammen auf den Herd stellen.

- Es sollte nicht lange dauern, bis das Wasser durch den Kaffee fließt und sich im oberen Teil der Kanne sammelt. Noch bevor der letzte Tropfen durchgeflossen ist, vom Herd nehmen und in ein nasses Tuch einwickeln, um weitere Hitzeeinwirkung zu vermeiden. Immerhin kommt noch Dampf aus dem unteren Behälter, welcher kondensiert und die letzten Bitterstoffe mitbringt.

Hier sieht man die Überextraktion des Kaffees schon sehr deutlich.

Vermeiden Sie unbedingt eine Überextraktion des Kaffees. Wenn der Kaffee „ausweißt" – also immer heller wird –, ist das ein deutliches Zeichen dafür, dass nichts mehr zu extrahieren ist. Diese Reste schmecken bitter. Wenn man dann auch noch wartet, bis nichts mehr kommt, und der Dampf den Kaffee noch heißer macht, darf man sich über den bitteren Geschmack nicht wundern.

Das schlechteste Ergebnis erzielt man, wenn nur mehr Dampf entweicht und der Kaffee zu lange in der heißen Kanne bleibt.

Tipp

Wenn man einmal zu fein gemahlen, zu viel Kaffee genommen oder ihn zu fest gepresst hat und dadurch das Überdruckventil Dampf ablässt, dann sollte man dieses unbedingt austauschen. Ein Reserveventil ist meist in der Verpackung dabei.
Es ist sonst nicht gewährleistet, dass das Ventil beim nächsten Versuch wieder funktioniert. Dann besteht die Gefahr, dass die gesamte Mokkakanne „explodiert".

Wer nicht neben dem Herd stehen kann, bis die Mokkakanne fertig gebrüht hat, sollte sich für eine Mokkabrüher-Version entscheiden, die anstelle der oberen Kanne kleine Ausläufe hat, unter die man die Tasse(n) direkt stellen kann. Bei dieser Variante wird der Kaffee nach Austritt nicht mehr so stark überhitzt.

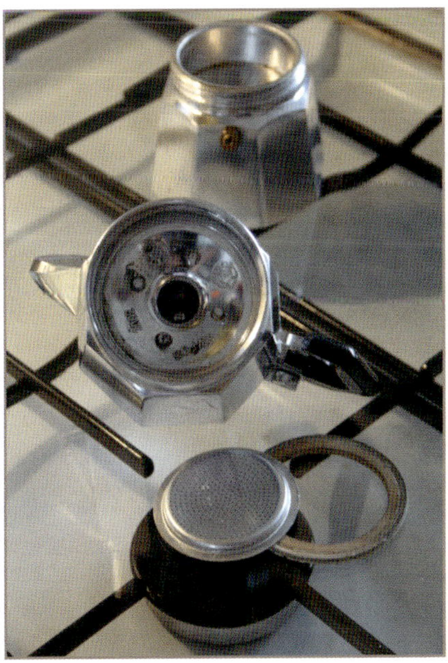

*Nach **jedem** Brühvorgang muss die Kanne gereinigt werden, indem man oben die Gummidichtung herausnimmt, um alle Teile einzeln von eingebrannten Fettresten befreien zu können.*

ZASSENHAUS
UNIT
ON
TARE

AeroPress

Die AeroPress ist ein sehr unkonventionelles Gerät, entworfen von der Firma Aerobie, einem Hersteller von Frisbees. Die Erwartung, dass sie sich durchsetzen würde, war anfangs gering. Bald stellte sich jedoch heraus, dass sich mit den Kunststoffröhren eine tolle Tasse Kaffee brauen lässt. Sie ist inzwischen so beliebt geworden, dass es sogar schon AeroPress-Meisterschaften gibt!

Die AeroPress ist kompakt, leicht, vielseitig, vollständig aus BPA-freiem Kunststoff und nahezu unverwüstlich – ideal auf Reisen! Heißes Wasser bekommt man fast überall, und eine kleine Handmühle passt meist auch noch ins Gepäck. Die bereits erwähnte Comandante passt in der schmalen Ausführung perfekt ins Innere der AeroPress und spart so zusätzlich Platz im Gepäck.

Es ist schwer, eine universelle Mahlgradempfehlung für die AeroPress abzugeben, da sie eine unglaublich vielseitige Brühvorrichtung ist. Man kann mit allen verschiedenen Mahlgrad- und Mengeneinstellungen hervorragende Ergebnisse erzielen. Mit weniger Kaffee, gröberem Mahlgrad und mehr Wasser lässt sich eine herrliche Tasse Filterkaffee produzieren. Mit mehr und feiner gemahlenem Kaffee und weniger Wasser gelingt aber auch ein kurzer, starker schwarzer Extrakt, der fast schon einem Espresso ähnelt – nur ohne Crema – und den man pur trinken oder mit Wasser oder Milch verdünnen kann. Auch die Extraktionszeit kann nach Belieben gesteuert werden.

Scott Conary, WBC Head Judge, COE Judge und Besitzer von Carrboro Coffee Roasters, beim Brühen mit meiner AeroPress am Frühstückstisch in Ruanda

Linktipps

Anleitungsvideo von Steve Leighton, Has Bean, UK

- http://blip.tv/inmymug/AeroPress-brewing-guide-for-has-bean-coffee-4090198

Regeln für die AeroPress-Meisterschaften

- http://worldAeroPresschampionship.com/about/

American Coffee Trader

- https://www.facebook.com/AmericanCoffeeTrader

Neben Experimenten mit verschiedenen Brühparametern können Sie auch verschiedene Filter ausprobieren. Die AeroPress wird mit Papierfiltern geliefert, die sehr gut funktionieren.

Wenn man eine vollmundigere Tasse möchte, kann man mit den „Disks" von Able Brewing arbeiten. Eine feine und eine gröber gelochte Edelstahlscheibe, die als Dauerfilter konzipiert sind, bringen unterschiedliche Geschmackserlebnisse hervor. Auch hier muss man wieder mit Mahlgrad und Kaffeemenge experimentieren.

American Coffee Trader hat einen Baumwollfilter für die AeroPress auf den Markt gebracht. Dieser macht bei der „verkehrten" Brühmethode etwas Schwierigkeiten, da er dazu neigt, in den Kaffee zu fallen. Bei der normalen Variante hingegen funktioniert er problemlos.

Jeff Verellens Gewinnerrezept
AeroPress-Weltmeister 2013
17 g Kaffee
Papierfilter gespült
50 g Wasser mit 83°C zum Quellen für 40 Sekunden

Durch leichtes Drehen den Kaffee komplett anfeuchten. Langsam 215 g Wasser mit 79°C hinzufügen und für 30 Sekunden ziehen lassen. Nun sanft 30 Sekunden lang drücken. Rund 50 g Kaffeerest in der AeroPress belassen, um keine Bitterstoffe zu extrahieren.

Spezieller Tipp von Jeff:
Die Bohnen vorher gut sortieren. Zu helle, zu leichte, fehlerhafte entfernen. Man kann einen Cocktailshaker oder ein Plastikgefäß zum Auffangen des Mahlguts verwenden, damit durch die statische Ladung die feinsten Teilchen und leichten Reste der Kaffeehäutchen am Rand kleben bleiben.

Jeff Verellen

Wille Yli-Luoma
2. Platz, AeroPress-WM 2013
Verkehrte Methode:
17 g Kaffee
240 g Wasser, kurz nach dem Kochen aufgießen.
2 Minuten ziehen lassen

Dreimal umrühren, dann den Filter aufsetzen, umdrehen und drücken.

Tibor Varaday
3. Platz, AeroPress-WM 2013
Verkehrte Methode:
12 g grob gemahlener Kaffee
200 g Wasser
Quellen mit 50 g 90°C heißem Wasser
Fünfmal stark rühren

Das restliche Wasser bis auf 200 g auffüllen, ohne umzurühren, den Filter aufsetzen und die Luft herauspressen, bis die ersten Tropfen an der Oberfläche erscheinen. Die AeroPress nun umdrehen, den Kaffee 2 Minuten ziehen lassen und danach langsam nach unten drücken.

Tipp: Verkehrte Methode

Steckt man zuerst den Innenkolben einen Zentimeter tief in den Außenkolben und stellt die AeroPress auf den Kopf, kann man die „verkehrte Methode" anwenden.

Füllt man nun Kaffee und Wasser in den Kolben, rinnt nichts durch und der gesamte Kaffee zieht, solange man es möchte.

Brühen mit der AeroPress

- Den Papierfilter in den schwarzen Filterhalter legen und mit lauwarmem Wasser durchspülen. Den Filterhalter nun auf den Kolben schrauben und danach auf eine Tasse, Kanne oder eine Brewbar setzen.
- Jetzt ca. 200 g Wasser auf 95°C erhitzen. Das Kaffeemehl mittelfein, wie für einen Filteraufguss, mahlen. 16 g Kaffeemehl in den Zylinder schütten.
- Nun das Wasser behutsam in kreisender Bewegung bis knapp zum oberen Rand aufgießen.
- Mit dem Rührstab einmal vorsichtig umrühren, sodass Wasser und Kaffeemehl gut verteilt sind. Schnell den Kolben auf den Zylinder setzen, damit die Luftsäule von oben blockiert wird und das Wasser nicht weiter durch den Filter tropfen kann.
- Je nachdem, wie stark man den Kaffee am liebsten trinkt, 20 Sekunden bis 1 Minute ziehen lassen. Den Kolben dann langsam herunterpressen, bis es zischt. Daraufhin nicht weiter herunterpressen, sondern den Schlamm übrig lassen, um unnötige Bitterstoffe im Kaffee zu vermeiden.

Vakuumkanne / Siphon

Der Siphon (auch „Vac Pot" genannt) ist die visuell wohl faszinierendste aller Brühmethoden.

Er besteht aus zwei getrennten Glaskammern, einer im Ständer gehaltenen Karaffe und einem oben aufgesetzten Kolben, der durch ein Rohr in die Karaffe hineinragt. Dadurch kann das Wasser beim Erhitzen von unten in den oberen Kolben gelangen. Anders als bei der Mokkakanne gibt man hier den Kaffee erst dazu, wenn das Wasser schon oben angelangt ist. Dies erlaubt mehr Kontrolle über die Dauer und Gleichmäßigkeit der Extraktion.

Am Boden des oberen Glases wird ein Filter eingespannt, der verhindern soll, dass Kaffeesud in die untere Karaffe gerät. Standardausstattung ist ein Baumwollfilter, der allerdings mühsam zu reinigen ist. Von japanischen Baristi habe ich gehört, dass der Filter extra vor Erstgebrauch in Kaffee gekocht wird, um schon aromatisiert zu werden. Ich würde das aus hygienischen Gründen nicht tun. Deswegen bevorzuge ich den Papierfiltereinsatz, den man extra dazukaufen kann. Beliebt ist der Bambusstab zum Umrühren, zur Not tut es aber auch ein normaler Kochlöffel.

Der Siphon kann wie die AeroPress in einer Vielzahl von Mahlgraden und Einstellungen verwendet werden, abhängig vom gewünschten Geschmack. Ich empfehle einen eher groben Mahlgrad. Die Kaffees sind, verglichen mit anderen Filtermethoden, intensiver, klarer, knackiger und die Säuren betonter.

Verwenden Sie vorgeheiztes Wasser, um Zeit und Brennstoff zu sparen, falls Sie den mitgelieferten Spiritusbrenner gebrauchen. Da der Brennspiritus für meinen Geschmack zu stark riecht, benutze ich gerne kleine Gaskocher aus dem Campingfachhandel. Nehmen Sie aber auf keinen Fall Lampenöl! Dieses rußt stark und kann dadurch die Karaffe nicht genug aufheizen. Sehr stilvoll und modern sind Halogenstrahler. Sie sind jedoch teuer und nicht für den Gebrauch in der EU zertifiziert, die Benutzung erfolgt also auf eigene Gefahr.

Siphons gibt es von HARIO, Yama oder Bodum. Auch alte, antike Stücke findet man hin und wieder.

Brühen mit dem Siphon

- 25 g Kaffee grob mahlen.
- Karaffe mit vorgewärmtem Wasser bis zur obersten Markierung füllen.
- Glaskolben mit eingespanntem, gespültem Filter aufsetzen (man muss ihn nicht festdrücken, da er ohnehin angesaugt wird).
- Warten, bis das Wasser durch die erhitzte Luft nach oben gedrückt wurde.
- Kaffee oben einfüllen und ein- bis dreimal umrühren.
- Nach Belieben 20 Sekunden bis eine Minute ziehen lassen.
- Nochmals umrühren und die Hitzequelle abschalten oder entfernen.

- Nun wird das Wasser wieder in die Karaffe zurückbewegt, der Kaffeesud wird allerdings vom Filter aufgefangen.
- Kolben abnehmen.
- Karaffe zum Ausgießen verwenden.

Am Ende sehen wir auch hier wieder am Kaffeesud, ob wir gut extrahiert haben. Ein schön gewölbter Kaffeekuchen zeugt von guten Turbulenzen vor dem Absaugen. Ein flaches Kaffeebett deutet auf gar keine Bewegung hin, ein spitz aufragender Vulkankrater auf zu viel Drehung beim Abfließen.

Siphon-Physik

Das Wasser wird durch die sich ausdehnende Luft nach oben gedrückt, noch bevor es kocht. Dadurch entsteht im unteren Glas ein starker Unterdruck, aber kein vollkommenes Vakuum. Es befindet sich auch noch etwas Restwasser am Boden, und das verhindert, dass das untere Glas trocken und zu heiß wird. Es könnte sonst brechen. Im oberen Glaskolben kocht das Wasser nicht. Es hat zwischen 90–95°C. Wenn es blubbert, sind das aufsteigende Gasblasen aus dem unteren Glas.

Wenn die Extraktion oben abgeschlossen ist, zieht sich die ausgedehnte Luft unten wieder zusammen und saugt so das Wasser – nun als Kaffee – wieder zurück. Oder ist es die 1-bar-Luftsäule, die nach unten drückt, so wie wenn man einen aufgeblasenen Luftballon wieder aufknotet und sich der hohe Druck wieder ausgleicht? Darüber kann man mit einem Physiker diskutieren. In jedem Fall findet ein Druckausgleich statt, der das Filtern des Kaffees durch den Sud beschleunigt und dadurch noch intensivere Aromen und Geschmäcker extrahiert.

Profi-Tipp

Matt Toogood von der RAW Coffee Company in Dubai hat mir neulich die Methode mit dem „schwimmenden Kaffee“ gezeigt. Hier wird der gemahlene Kaffee auf das Wasser geschüttet und mit einem Bambusstab nur leicht unter die Oberfläche gestoßen, sodass er nass wird, aber nicht absinkt. 40 Sekunden quellen lassen, dann nur einmal kräftig umrühren und schnell die Wärmequelle entfernen. Rasch sinkt der Wasserspiegel und übrig bleibt ein kleiner, runder Kaffeehügel.

Mit dieser Methode wird gerade bei natürlich aufbereiteten Kaffees die Süße und Fruchtigkeit besonders hervorgehoben.

Linktipp

▸ http://vimeo.com/8977253

2
1
aromaboy

FILTER-MASCHINEN

Filterbrühen automatisch

2-12
h
min
Russell Hobbs
Russell Hobbs

Grind & Brew

Diese Filtermaschine für den Hausgebrauch aus dem Hause Russell Hobbs hat den Vorteil, dass sie den Kaffee frisch in den Filter mahlt – und das sogar automatisch vorprogrammiert, wenn man möchte.

Der Bohnenbehälter schließt so dicht, dass man die Bohnen bedenkenlos am Abend zuvor für den Kaffee am Morgen einfüllen kann. Das Tolle an dieser Maschine ist, dass das Wasser in Intervallen aus mehreren Löchern strahlt und somit das Kaffeemehl immer wieder wendet, sodass am Ende ein flaches Kaffeebett entsteht. Die für diese Maschine benötigten Filter sind herkömmliche Papierfilter der Größe 4.

Die Maschine berechnet die zu mahlende Kaffeemenge nach der eingegebenen Tassenmenge (2–12) und der gewünschten Stärke des Getränkes (eine, zwei oder drei Bohnen stehen also für leichten, mittelstarken und starken Kaffee). Hier muss man einfach ausprobieren, was man selbst unter stark versteht, denn die Maschine produziert ausgesprochen kräftigen Kaffee, was durch das 98°C heiße Wasser und die langsame Wasserabgabe bedingt ist.

Möchte man diesen beiden Parametern entgegenwirken, empfiehlt es sich, etwas gröber als gewohnt zu mahlen und die Kaffeemenge zu reduzieren.

Beispiele:
Bei einem Liter Wasser und der Angabe „10 Tassen Kaffee mittlerer Stärke" mahlt die Grind & Brew ca. 70 g Kaffee. Das ist mir persönlich viel zu kräftig. Also tastete ich mich an den gewünschten Geschmack heran und fand heraus, dass bei zweitgröbster Mahlgradeinstellung und der Einstellung „6 Tassen leicht" (oder „4 Tassen mittel") auf einen Liter Wasser rund 40–45 g Kaffee gemahlen werden. Das daraus resultierende Ergebnis fand ich sehr gut. Der Kaffee hatte noch die erwarteten Fruchtnoten und Aromen. Mein Tipp also: Für diejenigen unter Ihnen, die nach dem Badezimmerbesuch am Morgen schon die fertige Tasse Filterkaffee am Tisch stehen haben möchten – plus eingebauter Weckfunktion mit Geräusch und Duft –, ist die Grind & Brew eine tolle Maschine. Das Preis-Leistungs-Verhältnis ist gut und nach ein paar Versuchen hat man die richtigen Einstellungen für die gewünschte Intensität gefunden.

1¼ — 10
1/1 — 8
APPROVED
TECHNI VORM
Clubline
TECHNI VORM
MOCCAMASTER
MOCCAMASTER
KALK

Moccamaster

Die nachhaltigste, stabilste und sparsamste Kaffeemaschine. Beeindruckend sind auch die vielen schönen Farben, in denen man sie bestellen kann.

Der innovative Designer Gerard Clement Smit, der seine Karriere mit Steigleitern und Stapelregalsystemen begann, erfand 1967 eine Kaffeemühle und in weiterer Folge die Moccamaster-Filterkaffeemaschine.

Beim Bau des Technivorm Moccamaster wird großer Wert auf eine gesunde Umwelt gelegt. Bei der Verarbeitung werden hauptsächlich wiederverwertbare oder vollständig abbaubare Materialien verwendet, die sparsam im Verbrauch sind und eine lange Lebensdauer aufweisen. Alle Moccamaster-Kaffeemaschinen werden nach wie vor – wie in den Anfangszeiten vor 45 Jahren – in Holland von Hand gefertigt und individuell geprüft. Inzwischen kooperiert die Firma auch mit führenden internationalen Kaffee-Forschungszentren wie dem European Coffee Brewing Centre (ECBC) und der Speciality Coffee Associations of America and Europe. Der fortwährende Austausch von Kenntnissen führt zu einer ständigen Verbesserung der Produkte.

Im Handel sind mehrere Modelle erhältlich. Will man den Filterhalter mit der Stoppfunktion, bei der man den Durchfluss des Wassers zurückhalten kann, kommt einzig und allein das Modell KBTS aus poliertem Aluminium infrage. Die anderen Modelle besitzen zwar auch einen Tropfstopp, da geht es allerdings um das Nachtropfen aus dem Filterboden, und Mixing Lids, bei denen es sich um besondere Kannendeckel handelt. Also nicht zu schnell die Beschreibung lesen und Tropfstopp oder Mixing Lid mit der Filterhalter-Stoppfunktion verwechseln!

Brühelement und Warmhalteplatte haben beim Moccamaster getrennte Heizkreise, damit eine separate Funktion gewährleistet ist. Die Brühtemperatur beträgt 92–96°C und liegt somit im erträglichen Bereich für den Kaffee. Herkömmliche billige Filtergeräte brühen mit 98–100°C. Neben dem Temperaturschalter der Warmhalteplatte sind am Gehäuse ein Voll- und ein Dreiviertelkreis auszuwählen. Beim Vollkreis beträgt die Temperatur der Platte 80–85°C für 6–10 Tassen Kaffee. Der Dreiviertelkreis signalisiert, dass die Temperatur niedriger ist und für bis zu 6 Tassen die Wärme aufrechterhält.

Linktipps

Technivorm

▶ http://www.technivorm.com

Demonstrationsvideo von Coffeethek

▶ http://www.youtube.com/watch?feature=player_embedded&v=bePdsfWJHVg

Für diesen Filterhalter sind die Filtertüten der Größe 4 passend. Die Gesamtkapazität umfasst 1,25 Liter Kaffee. Die Wasserverteilung funktioniert dank des abnehmbaren Wasserrohrs mit mehreren großen Löchern sehr gut, somit führt die Pulsbrühung zu einem schwimmenden Kaffeesud.

Der Moccamaster ist auch dadurch bekannt geworden, dass er als erste Filtermaschine im Filterhalter einen Schieber zum kontrollierten Rückstau des Wassers besitzt. Diesen Stopper gibt es allerdings nur beim Modell KBTS! Doch auch ohne den Stopper, den man beliebig auf- und zumachen kann, um mehr oder weniger Wasser schneller oder langsamer abrinnen zu lassen, macht der Moccamaster sehr guten Kaffee.

Modell KBTS mit Schieber zum Zurückhalten des Wasserflusses am Filterhalter

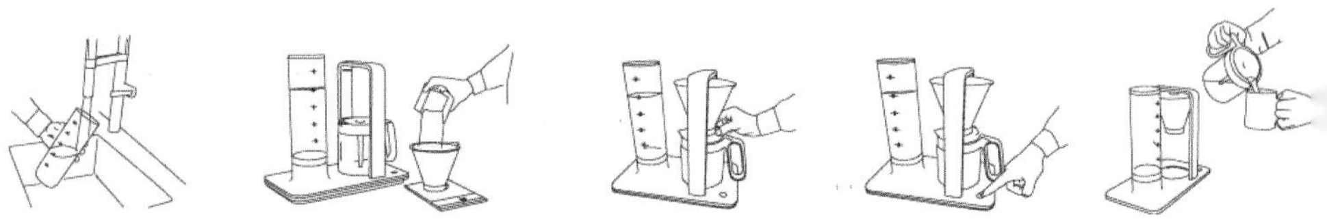

75g
1.25
65g
1
50g
0.75
33g
0.5
17g
0.25

Wilfa

Die Wilfa, von Barista-Weltmeister 2004 Tim Wendelboe empfohlen, ist eine äußerst elegante Filtermaschine mit eingebauter Pumpe, die das wohltemperierte Wasser rückstandslos auf die andere Seite in den Filter befördert.

Wilfa Svart Presisjon

Das Besondere an der Wilfa ist, dass man, ähnlich wie beim Moccamaster und dem Clever Dripper, mit einem unten am Filterhalter eingebauten Schieber die Durchlaufzeit des Wassers beeinflussen kann. Praktischerweise sind die Wassermengen am Schieber als Referenzpunkte für dessen Stellung angegeben. Ein großer Vorteil ist außerdem, dass das Wasser nicht so heiß ist wie bei den anderen Geräten.

Man lässt das Wasser also nach Vorgaben am Wasserbehälter durchfließen oder steht daneben und steuert den Durchfluss während des Brühvorgangs selbst – ganz wie es beliebt. Nach ein paar Versuchen hat man auch hier den richtigen Mahlgrad und die richtige Schieberstellung gefunden, um eine feine Tasse Kaffee zu brühen. Nicht ganz optimal ist die Überextraktion und das Ausweißen des Kaffees in der Mitte des Kaffeebettes beim Rückstauen des Wassers. Man kann aber der gleichmäßigeren Verteilung etwas nachhelfen und den Kaffee vom Rand zur Mitte schieben.

Wilfa Svart Manuell

Wer lieber mehr Kontrolle über die Wasserverteilung hat und eine Pour-over-Methode bevorzugt, für den ist das Modell „Manuell" besser geeignet. Das Set beinhaltet einen Wasserkocher, einen Server und einen Filterhalter, die sich auf einer Steuerplatte befinden.

Linktipps

Wilfa Svart Presisjon
▸ http://www.youtube.com/watch?v=LzD2W50Sd9s&feature=player_embedded#t=0

Wilfa Svart Manuell
▸ http://www.youtube.com/watch?v=PBLrKWKPZaE&feature=player_embedded#t=0

MAHLKÖNIG

Trifecta

Die Trifecta ist das absolute Profigerät für Coffeeshops, die Spezialitäten anbieten. Mit ihr wird immer nur eine Tasse gebrüht. Die perfekten Brühparameter zu finden, ist allerdings eine Wissenschaft für sich.

Abgesehen von den üblichen Variablen wie Mahlgrad, Menge, Brühzeit und Temperatur können wir hier noch die Intensität der Wirbelungen steuern.

Kaffeemenge und Mahlgrad können wieder nach Belieben gewählt werden. Ein Vorschlag von Trifecta: 20 bis 30 g Kaffee könnten für 360 g Wasser verwendet werden. Ich würde sagen: testen!

Die Trifecta ermöglicht es, die drei Phasen des Brühens – das Quellen, die Extraktion und die Hydrolyse – durch viele Einstellungen am Display zu steuern. Die Dauer der Turbulenzen wird eingestellt, indem kontrollierte Luft in die Brühkammer injiziert wird, um den Kaffee gleichmäßig zu verteilen. Intensivere Turbulenzen kommen einem Umrühren gleich. Mehr Energieaufwand bedeutet mehr Extraktion.

Man kann zunächst eine Voreinstellung von 5 Sekunden testen und sich dann um je 1 Sekunde nach oben oder unten tasten. Notieren Sie die geschmacklichen Veränderungen und lernen Sie daraus. Es sollten Unterschiede im Körper und den Säuren entstehen.

Die Stärke der Turbulenzen kann man mit den Einstellungen „Minimum" und „Maximum" adjustieren und geschmacklich noch am Körper und der Tiefe feilen. Die Extraktionszeit ist die Gesamtkontaktzeit von Wasser und Kaffee, innerhalb der man verschiedene Turbulenzzeiten sowie die Dauer des Quellens und der Hydrolyse – von 25–250 Sekunden – einstellen kann.

Die Prä-Infusion, ein weiterer Parameter, um die Verfeinerung des Geschmacks zu erzielen, ist die Quellphase. Eingestellt wird die Menge des Wassers, die dafür verwendet werden soll, in Prozent. Des Weiteren programmiert man die Füllpause, die nach dem Auffüllen der Quellmenge gemacht werden soll. Das wären bei den händischen Brühvorgängen um die 30 Sekunden Wartezeit.

Für die 11 Variablen, die man programmieren kann, gibt es ein eigenes Rezeptbuch. Die Trifecta kann natürlich die gewünschten Zyklen und Mengen mit Namen speichern und somit auf Knopfdruck diesen Vorgang reproduzieren.

Nach jedem Brühvorgang muss man die Brühkammer spülen, um Kaffee- und Ölreste zu beseitigen. Dann ist die Trifecta bereit für die nächste Tasse Filterkaffee.

Perfekte Wasserqualität

Da wir uns nun mit der Trifecta ohnehin schon im absoluten Freak-Terrain bewegen, sei kurz erwähnt, wie die SCAA perfektes Wasser definiert:

Wir starten mit dem Messen der TDS (siehe Seite 33) des Wassers, das durch die Trifecta läuft. Das Wasser sollte zwischen 125 und 175 TDS angesiedelt sein, idealerweise bei 150 TDS. Enthält das Wasser mehr Mineralstoffe, ist es bei der Extraktion weniger effektiv, der Kaffee schmeckt eher leer. Wasser, das weniger Mineralien enthält, wird beim Brühen sehr aggressiv. Wir sprechen hier von Mineralien im Wasser, nicht vom Härtegrad, der optimal zwischen 6–8 dH liegt, oder dem pH-Wert, der neutral sein sollte.

Linktipp

▸ http://www.trifectaexperience.com

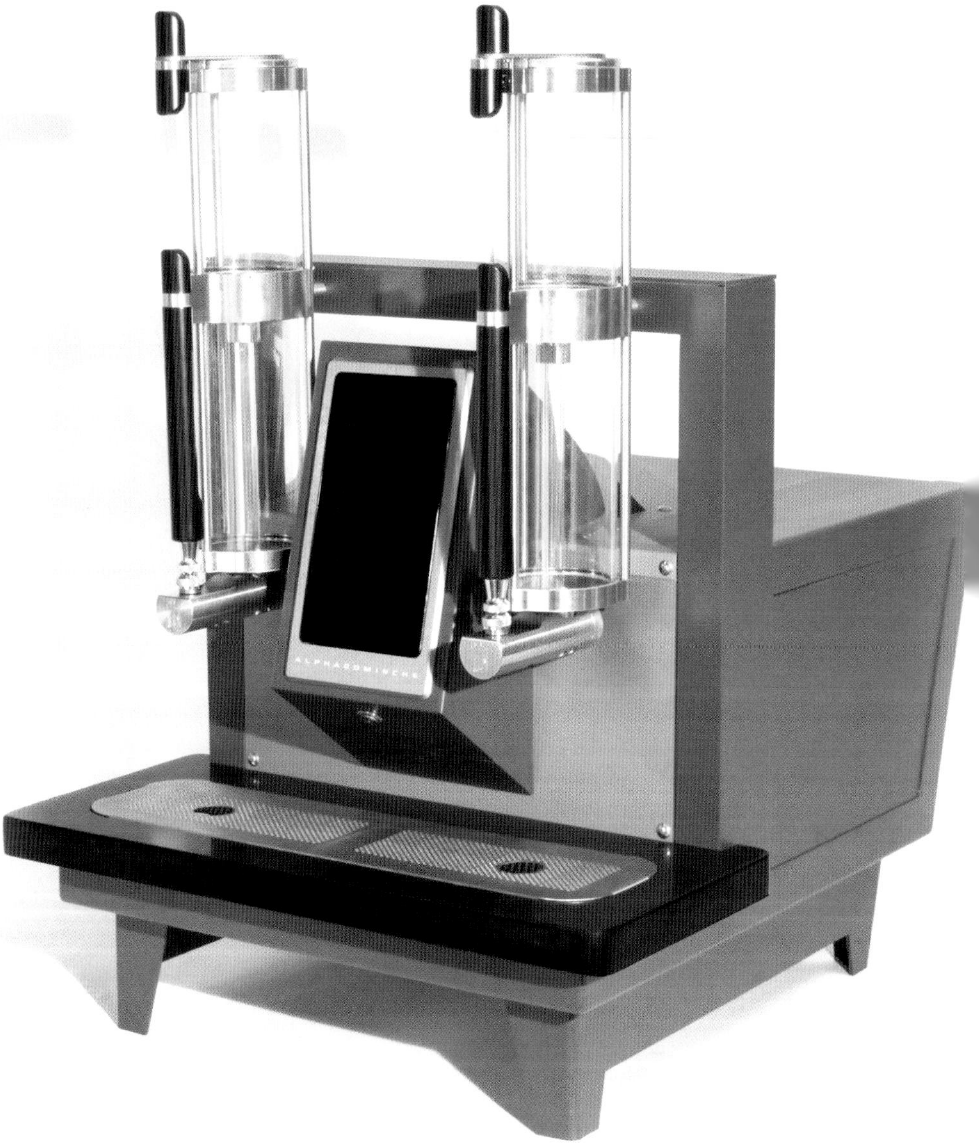
ALPHADOMINCHE

Steampunk

Die Steampunk ist anders als alle anderen.

HOT & NEW!

Die Steampunk ist das geistige Kind eines leidenschaftlichen Kaffeefreaks namens Khristian Bombeck, der ursprünglich antike Motorroller in seiner Garage restauriert hat und nebenbei ein Café führte.

Durch ihre kunstvolle Mischung aus Metall, Quarz, Holz und Glas ist die Steampunk nicht nur ein optischer Blickfang, sie bringt auch wiederholt die gleiche Qualität in die Tasse. Revolutionär ist insbesondere die perfekte Balance von manueller Steuerung und Automatik. Die Steampunk produziert Filterkaffees und Tees mit einer kombinierten Technik von Immersion Brew und Pour-over Brew in rund 60 Sekunden.

Es gibt erst einige wenige Modelle weltweit.

COLD BREW

Kalte Brühmethoden

Cold Brew nennt man den Vorgang des Kaffeebrühens (teilweise durch Immersion Brewing), bei dem kaltes Wasser über 3–12 Stunden (oder mehr) hinweg langsam Inhaltsstoffe aus dem Kaffee extrahiert. Ohne die Einwirkung von Hitze werden deutlich weniger Säuren gelöst und der Kaffee erscheint süßer.

Das ist der Grund dafür, dass viele Menschen diese Cold Brews sehr schätzen – nicht nur als erfrischendes Kaltgetränk im Sommer. Der hierfür benötigte Mahlgrad ist grob, das Verhältnis vom Wasser zur Kaffeemenge muss nach gewünschter Geschmacksintensität und Methode gewählt werden. Vor dem Servieren wird der Kaffee durch ein feines Sieb gefiltert. Man kann dazu einen Papierfilter, Metallfilter oder beispielsweise eine French Press verwenden. Der fertige Kaffee kann nun auf Eiswürfeln, pur oder auch mit Milch, Obers oder Zucker genossen werden. Die Cold-Brew-Methode sollte allerdings nicht mit der geeisten Methode verwechselt werden, bei der man gebrühten Kaffee über Eiswürfel gießt.

Toddy

1964 bestellte der chemische Ingenieur Todd Simpson in einem kleinen Café in Guatemala Kaffee. Er bekam daraufhin eine Karaffe mit einem kühlen Konzentrat und dazu heißes Wasser serviert und wurde dazu angehalten, beides zu mischen. Da diese Methode sehr bekömmlich war, baute er sie weiter aus und erfand den Toddy Cold Brewer.

Der Toddy ist zwar aus Plastik und nicht gerade ein Augenschmaus, da man das Kaffee-Wasser-Gemisch aber ohnehin im Kühlschrank ziehen lässt, stört das nicht weiter. Nach 12–18 Stunden nimmt man den Toddy aus dem Kühlschrank, öffnet den Verschluss am Boden und lässt das Kaffeekonzentrat in eine Karaffe laufen. Statt des Toddys kann man auch ein großes Marmeladenglas nehmen!

1000 ml =
à 8 Cups
80 gr Kaffeemehl
Wasser nach und nach
eingießen, rumrühren
12 Std ziehen lassen

Eine wunderschöne Variante des Toddys, die man auch über Nacht im Kühlschrank extrahieren lässt, ist die Mizudashi von HARIO.

mit Eiswürfel oder
ohne

Säuregehalt im Vergleich

Bei einem Vergleichstest zwischen einem Cold Brew und dem herkömmlichen Filterkaffee eines amerikanischen Coffeeshops erreichte die „Toddy-Version" einen pH-Wert von 6,31 und 40 mg Koffein pro 100 g Kaffee, während der andere Filterkaffee einen pH-Wert von 5,48 und 61 mg Koffein aufwies. Der niedrige pH-Wert zeigte einen höheren Säuregehalt bei dem herkömmlichen Filterkaffee an.

Rezept

Ein einfaches Rezept
200 g Kaffee
350 g Wasser
großes Marmeladenglas
Kaffeefilter mit Filterhalter oder Trichter

1. Das Glas mit Kaffee und Wasser befüllen, gut umrühren und über Nacht im Kühlschrank stehen lassen.

2. Danach den Kaffeefilter in der Filterhalterung oder in einem Trichter positionieren und den Kaffee abgießen.

3. Das Konzentrat lässt sich mit kaltem oder heißem Wasser zu einer Tasse Kaffee verdünnen, die je nach Geschmack mit Milch und Zucker verfeinert werden kann.

Tipp: Der Kaffeesud eignet sich auch ganz hervorragend als Blumendünger!

DO YOU HAVE WHAT IT TAKES?
http://coffeetrays.com

Water Dripper

Dieser wunderschöne Water Dripper von HARIO zieht die Blicke an der Bar auf sich. Natürlich gibt es auch noch größere Modelle, sogar mit Holzgerüsten und mehr Kapazität.

Auch hier mahlt man den Kaffee eher grob. Wichtig ist der Papierfilter, der oben auf den Kaffee gelegt wird. Er dient zur gleichmäßigen Wasserverteilung und zum Schutz, damit die einzelnen Tropfen kein Loch in den Kaffee bohren. Mit dem Ventil an der oberen Kanne kann man die Tropfrate des Wassers wunderbar einstellen. Ich empfehle zwei Tropfen pro Sekunde. Man kann sowohl kaltes Wasser als auch Wasser mit Eiswürfeln verwenden. Möchte man die Kaffeeöle hingegen besser lösen, kann auch mit warmem Wasser begonnen werden, da es bei der langen Dauer ohnehin abkühlt.

Der fertige Kaffee wird dann in einem kleinen Wasserglas mit Eiswürfeln serviert. Und mit etwas flüssigem Obers, Zucker und nach Belieben mit einer ausgekratzten Vanilleschote lässt sich ein wunderbares Kaltgetränk zaubern. Das Obers gibt dem Kaffee mehr Körper als Milch und man muss den Kaffee nicht so stark verdünnen.

Neben Modellen der Firma HARIO sind auch andere wie jene von Yama am Markt erhältlich. Hier reichen rund 3 Stunden Brühzeit.

Brühen mit dem Water Dripper

- Den Kaffee grob wie Kristallzucker mahlen.
- Für die größtmögliche Wassermenge den Kaffee bis kurz vor Ende des Metallstiftes füllen und durch Klopfen gleichmäßig verteilen.
- Den runden Filter auf den Stift stecken. Er soll ganz flach am Kaffee aufliegen.
- Nach dem Aufsetzen des Wasserbehälters zunächst den kleinen Wasserhahn (Auslauf) stark aufdrehen und die Oberfläche des Filters inklusive der obersten Schicht des Kaffees nass machen, ohne dass die Kaffeepartikel über den Filter schwimmen.
- Dann den Auslauf auf 2 Tropfen pro Sekunde einstellen und ein paar Stunden stehen lassen.
- Eiswürfel in ein Glas füllen, den Kaffee darüber gießen – fertig!

ICE COFFEEMAKER
FRETTA
V60
HARIO

Iced Coffees – HARIO Fretta

Geeiste Kaffees nennt man die Kaffeegetränke, bei denen man zuerst auf herkömmliche Art mit heißem Wasser brüht und den fertigen Kaffee danach über Eiswürfel gießt, kühlt oder gar im Shaker schüttelt.

Bei der Fretta brüht man mit heißem Wasser durch den V60 in eine darunter passende Karaffe, in der sich ein Einsatz mit Eiswürfeln befindet. Somit wird der soeben frisch gebrühte Kaffee von den Eiswürfeln abgekühlt. Da diese fast zur Gänze schmelzen, wird der Kaffee gleichzeitig stark verdünnt. Man kann einem zu leichten Kaffee vorbeugen, indem man die Parameter des Mahlgrads und der Kaffeemenge anpasst. Füllt man die Karaffe zur Gänze, erhält man allerdings, trotz der Eiswürfel, einen lauwarmen Kaffee. Man sollte diesen darum noch zusätzlich auf Eis servieren.

John Arild Stubberud vom Coffeeshop Kaffee-Alchemie in Salzburg drückt, wenn es in seinem Shop schnell gehen muss, den Kaffee durch die AeroPress und lässt den dann schon deutlich kühleren fertig gebrühten Kaffee über die Eiswürfel in der Fretta laufen. Mit einer Messerspitze Zucker oder Läuterzucker (selbst gemachtem Zuckersirup) wird er auf Eiswürfeln serviert. Dieser Kaffee ist stark genug, um auch mit Eiswürfeln dominante Aromen zu zeigen.

John Arild Stubberud vor seiner Variante eines Cold Brews mit der AeroPress und der Fretta kombiniert

Brühen mit der Fretta

- Das Brühen erfolgt auf gleiche Weise wie bei der Pour-over-Methode mit dem Hario-V60-Filterhalter, da es sich um das baugleiche Modell handelt – siehe Seite 43.

- Man wählt jedoch einen Kaffee, der sich geschmacklich für Cold Brew eignet, vor allem eine eher hellere Röstung.

- Zuerst wird der lange Innentrichter der Fretta so hoch mit Eiswürfeln befüllt, dass man den Deckel und den V60 gerade noch aufsetzen kann.

- Dann wird gefiltert – rund 2 Minuten.

- Dabei lösen sich die Eiswürfel allmählich auf und kühlen beim Durchlaufen den Filterkaffee, verwässern ihn aber auch. Deshalb ist es bei dieser Methode besonders wichtig, mehr gemahlenen Kaffee zu verwenden, um mehr Intensität zu erhalten. Eine feinere Mahlung könnte zu einer Überextraktion führen. Mein Tipp: Um die Durchlaufzeit gleich zu halten, mehr Kaffee verwenden und diesen etwas gröber mahlen.

- Bereitet man die größtmögliche Menge zu, die in die Fretta passt, lösen sich alle Eiswürfel auf und der Kaffee ist trotzdem nicht „eiskalt“. Deswegen empfehle ich auch hier, über Eiswürfeln zu servieren.

ANHANG

SENSORY LAB
BREW STATION
San Jose, El Salvador
Lagoa Do Morro, Brazil
Finca La Escondida, Nicaragua

Verkostungshilfe

Wie soll Filterkaffee eigentlich schmecken? Wie beim Wein gibt es viele Pflanzensorten mit unterschiedlichem Geschmack. Hinzu kommen noch das Mikroklima, die Verarbeitungsweise, die Röstung und die Zubereitungsart. In jedem Fall suchen wir eine Balance aus Säuren, Süße, Körper und einzigartigen Aromen. Beim Filterkaffee muss nicht „der Löffel stehen" können.

Nachstehend ein paar Fachausdrücke und wie man den Kaffee bei professionellen „Cuppings" beurteilt.

Aromen

Duft des gemahlenen Kaffees
Riecht er frisch oder ausgeraucht? Alt? Überröstet? Zu hell geröstet?

Beispiele: süß, würzig, geröstet, nussig, wie Kohle, rußig, malzig, alt, ranzig, Kartoffel (Defekt)

Duft des nassen Kaffees
Was ist zu riechen? Durch das Mischen von Wasser, Kaffee und Sauerstoff wird der Geruch viel intensiver als beim trockenen, gemahlenen Kaffee.

Beispiele: weich, frisch, lebendig, cremig, scharf, würzig, Kartoffel, Phenol ... Die beiden letzten sind Defekte und oft schon am Geruch erkennbar, noch bevor man gekostet hat.

Säure / Lebendigkeit

Säure macht den Kaffee lebendig. Im Wein wird sie oft als Nerv oder die Wirbelsäule bezeichnet. Die Menge der Säure muss nicht mit der Qualität in Zusammenhang stehen. Die Qualität der Säure wird extra bewertet. Wie beim Wein sollten nicht alle Kaffeesorten sauer sein. Es ist vielmehr der Ausdruck dieser Säure, ob stark oder sehr mild, der wichtig ist: Ist die Säure hart oder allzu herb? Ist der Säuregehalt raffiniert oder spritzig oder hat die Säure einen angenehmen Biss? Säure in Kaffee kann also eine willkommene, aber auch die unangenehmste Eigenschaft sein.

Doch Kaffee ohne Säure kann auch ziemlich langweilig sein. Enthält er zu viel oder die falsche Säure, wird er unangenehm, einfach sauer. Versuchen Sie aufzuschreiben, auf welche Art und Weise der Kaffee sauer schmeckt. Wir unterscheiden zum Beispiel Zitrussäure, weinartige Säure, apfelartige Säure oder Laktosesäure. Erstrebenswert ist jedenfalls eine balancierte Säure, die sich mit Süße ergänzt.

Beispiele für die Beschreibung der Säure: spritzig, frisch, beißend, neutral, weich, würzig, scharf, streng, herb, säuerlich, schneidend, grün, hart, delikat, grazil, mild, weinähnlich ...

Süße

Das Gefühl von Süße korreliert direkt damit, wie gleichmäßig reif die Kirsche war, als sie geerntet wurde. Süße ist nicht völlig davon abhängig, wie viel Zucker im gerösteten Kaffee umgewandelt wurde, sondern auch andere Komponenten wie Verarbeitungsart (trocken, honey, washed) und Extraktionsmethoden tragen dazu bei, den Eindruck von Süße zu erwecken.

Körper

„Körper" ist eine Bezeichnung für Fülle / Dichte, also das Mundgefühl beim Genuss.

Beispiele: voll, dicht, dick, dünn, wenig Körper ...

Geschmack (Zunge & Nase)

Dies ist eine Kombination von Geschmack im Mund (süß, sauer, bitter, salzig und umami) und Aroma in der Nase. Hier kann ein Kaffee elegant oder kraftvoll sein und sein Terroir zeigen. Dazu gehört, dass er richtig verarbeitet wurde, von der Pflanze bis in die Tasse.

Beispiele: Wein, Butter, Karamell, Schokolade, Holz, Gras, Lakritze, Nuss, Gewürze; Früchte wie dunkle Beeren, Melonen, Aprikosen oder Erdbeeren; gelbes Obst wie Sternfrüchte, Mangos oder Bananen; tropische Früchte wie Papayas ...
Oft erkennen wir in der Gegend wachsende Früchte im Kaffee wieder, weil beide Pflanzen auf die gleichen Nährstoffe zugreifen und so ähnliche geschmackliche Komponenten entwickeln können.

„Clean Cup"

Eine saubere Tasse. Damit ist die völlige Freiheit von Beeinträchtigungen oder Störungen gemeint. Es ist die notwendige Transparenz für einen Kaffee, um sein Terroir zu zeigen – ohne störende Beigeschmäcker.

Defekte: Kartoffel, Phenol, zwiebelig, rio (verleiht dem Kaffee einen medizinartigen Geschmack), bitter, modrig und andere unangenehme Geschmäcker sind ein Zeichen von defektem Rohkaffee. Eine Tasse kann aber auch ohne Defekte „unrein" wirken, einfach mit störenden Geschmäckern.

Abgang

Wie ist der Nachgeschmack des Kaffees? Wie fühlt er sich an? Wie lange spürt man den Kaffee und wo? Verabschiedet er sich süß oder harsch? Der Abgang ist ein sehr wichtiger Aspekt.

Beispiele: süß, sauer, bitter, scharf, weich, voll, seidig, verbrannt, trocken, lange, kurz ...

Bitterkeit

Der harte, unangenehme Geschmack wird durch Überextraktion des Kaffees oder zu dunkles Rösten verursacht. Bitterkeit kommt oft erst nach bis zu 30 Sekunden auf der Zunge zum Vorschein. Deswegen sollte man beim Verkosten die Kaffees in verschiedenen Reihenfolgen kosten, um sicherzugehen, dass kein Kaffee die Bitterkeit vom Vorgänger zugeschrieben bekommt.

Aber Vorsicht vor falschen Urteilen – nicht jedes „Bitter" ist schlechtes Bitter, deswegen unterscheidet man es auch von „herb" oder definiert es wie Zartbitterschokolade, Orangenschalen oder dunkles Karamell. Manche Menschen verwechseln Bitterkeit mit Säure. Säure schmeckt man jedoch gleich am Anfang, Bitterkeit kommt oft erst im Abgang.

Balance

Letztendlich suchen wir Balance im Kaffee. Ist er homogen? Sticht eine Eigenschaft besonders hervor? Wie ist die Balance von Süße, Säure und Körper?

Cup of Excellence® Cupping Form

Name:____________ Round 1 2 3 Session 1 2 3 4 5 Brazil Cup of Excellence® 2002 Coffee Competition

SAMPLE	ROAST COLOR DEVIATION	AROMA <3> ← 0 → +3 DRY	AROMA CRUST	AROMA BREAK	PURITY: # x i x 4 = SCORE, i = <1> to <3> DEFECTS	CLEAN CUP	SWEETNESS	ACIDITY	MOUTH-FEEL	FLAVOUR	AFTER-TASTE	BALANCE	OVERALL	TOTAL
____		3 2 1	3 2 1	3 2 1	_x_x 4 =< >	0 4 6 7 8	0 4 6 7 8	0 4 6 7 8 H M L	0 4 6 7 8 H M L	0 4 6 7 8	0 4 6 7 8	0 4 6 7 8	0 4 6 7 8	36
____		3 2 1	3 2 1	3 2 1	_x_x 4 =< >	0 4 6 7 8	0 4 6 7 8	0 4 6 7 8 H M L	0 4 6 7 8 H M L	0 4 6 7 8	0 4 6 7 8	0 4 6 7 8	0 4 6 7 8	36
____		3 2 1	3 2 1	3 2 1	_x_x 4 =< >	0 4 6 7 8	0 4 6 7 8	0 4 6 7 8 H M L	0 4 6 7 8 H M L	0 4 6 7 8	0 4 6 7 8	0 4 6 7 8	0 4 6 7 8	36
____		3 2 1	3 2 1	3 2 1	_x_x 4 =< >	0 4 6 7 8	0 4 6 7 8	0 4 6 7 8 H M L	0 4 6 7 8 H M L	0 4 6 7 8	0 4 6 7 8	0 4 6 7 8	0 4 6 7 8	36
____		3 2 1	3 2 1	3 2 1	_x_x 4 =< >	0 4 6 7 8	0 4 6 7 8	0 4 6 7 8 H M L	0 4 6 7 8 H M L	0 4 6 7 8	0 4 6 7 8	0 4 6 7 8	0 4 6 7 8	36
____		3 2 1	3 2 1	3 2 1	_x_x 4 =< >	0 4 6 7 8	0 4 6 7 8	0 4 6 7 8 H M L	0 4 6 7 8 H M L	0 4 6 7 8	0 4 6 7 8	0 4 6 7 8	0 4 6 7 8	36
____		3 2 1	3 2 1	3 2 1	_x_x 4 =< >	0 4 6 7 8	0 4 6 7 8	0 4 6 7 8 H M L	0 4 6 7 8 H M L	0 4 6 7 8	0 4 6 7 8	0 4 6 7 8	0 4 6 7 8	36
____		3 2 1	3 2 1	3 2 1	_x_x 4 =< >	0 4 6 7 8	0 4 6 7 8	0 4 6 7 8 H M L	0 4 6 7 8 H M L	0 4 6 7 8	0 4 6 7 8	0 4 6 7 8	0 4 6 7 8	36

Coffeeshops mit Brewbar

Eine Auswahl von Coffeeshops, in denen Sie Filterkaffee kosten können – ohne Anspruch auf Vollständigkeit!

Deutschland

Ansbach

Green & Bean

Berlin

Bonanza Coffee

Café CK

Chapter One

Five Elephant

No fire no glory

The Barn

Hamburg

Stockholm Espresso Club

the coffee shop

Kreuth am Tegernsee

Erste Tegernseer Kaffeerösterei

Mainz

Kaffeekommune

München

Bald Neu

Münster

Roestbar

Nürnberg

Machhörndl Kaffee

Österreich

Dornbirn

Amann Kaffee

Graz

Buna Kaffeeladen

Innsbruck

COFFEE kult

Salzburg

Kaffee-Alchemie

Schladming

ARTiSAN

Steyr

Yovela

Wien

Café.Atelier

CaffèCouture

Kaffeemodul

POC Cafe – People on Caffeine

Vienna School of Coffee

Schweiz

Basel

Café frühling

Zürich

Bear Brothers & Cow

Australien

Ashburton

Oak Room

Brisbane

Dandelion & Driftwood

Melbourne

Brother Baba Budan

Coffee Alchemy

Proud Mary

Seven Seeds

Mosman

Don Adán Coffee

Sidney

Coffee Alchemy

SOR (Single Origin Roasters)

China

Hong Kong

Barista Jam

Cafe Loisl

cupping room

KNOCKBOX

Dänemark

Kopenhagen

The Coffee Collective

Kent Kaffee Laboratorium

Griechenland

Athen

Tailor Made

Taf Coffee

Metamorfosi

Kudu Coffee Roasters

Großbritannien

London

Caravan

dose espresso

Embassy East

Giddy up Floripa

look Mum, no hands

Monmouth

notes

Ozone Coffee Roasters

Protein

Prufrock Café

T-A-P Coffee (tapped and packed)

Taylor St. Baristas

The Association

Workshop Coffee Co.

Mehr Infos über Londons Kaffeeszene finden Sie im Buch *The Independent Coffee Book.*

▸ www.vespertinepress.co.uk

Irland

Dublin

3FE

Island

Njarðvík

Kaffitár

Reykjavik

Kaffismidja

Japan

Fukuoka

Honey Coffee

Tokyo

Fuglen

The Theatre Table

Neuseeland

Wellington

Flight Coffee

Norwegen

Ålesund

Jacu

Bergen

Kaffemisjonen

Kristiansand

Sørlandets Kaffebrenneri

Oslo

Java

Kaffebrenneriet

Mocca

Solberg & Hansen

Stockfleths

SUPREME ROASTWORKS

Tim Wendelboe Kaffe

Sandnes

Coffeeberry

Stavanger

The Blue Bird Cafe

Tromsø

Kaffebønna

Trondheim

Dromedar

Ulsteinvik

Kaffikari

Rumänien

Bukarest

Origo

Schweden

Göteborg

Da Metteo

Kafferostore Per Nordby

Stockholm

Drop Coffee

johan & nyström

Serbien

Belgrad

Przionica

Ungarn

Budapest

Espresso Embassy

My little Melbourne

Tamp & Pull

USA

Baltimore, MD

Artifact Coffee

Cambridge, MA

dwelltime

Carrboro, NC

The Open Eye Cafe

Chicago, IL

Bowtruss Coffee Roasters

Intelligentsia Coffee

Denver, CO

Black Eye Coffee

Healdsburg, CA

Flying Goat Coffee

Ithaca, NY

Gimme Coffee

Kansas City, MO

Oddly Correct Coffee Bar

Parisi Artisian Coffee

Los Angeles, CA

G&B Coffee at Squirl

Handsome Coffee Roasters

Intelligentsia Coffee

Lamill Coffee Boutique

Stumptown

New York City, NY

Blue Bottle Coffee

Cafe Grumpy

Intelligentsia Coffee

Joe the Art of Coffee

La Colombe

Stumptown

Sweetleaf

Third Rail Coffee

Toby's Estate

WTF Coffee Lab

Philadelphia, PA

Joe the Art of Coffee

Ultimo Coffee

Portland, OR

Barista

Courier Coffee Roasters

SPECKLED AX

Tandem Coffee Roasters

San Francisco, CA

Blue Bottle Coffee

Santa Rosa, CA

Flying Goat Coffee

Ritual Coffee Roasters

Seattle, WA

Stumptown

Zoka Coffee

Tarrytown, NY

Coffee Labs Roasters

Vereinigte Arabische Emirate

Dubai

RAW Coffee Company

Meine Rezepte

Nachdem Sie die Rezepte der Meister probiert haben, können Sie hier Ihre eigenen Parameter zu Ihren Kaffees notieren.

Kaffee: ....

Methode: ....
Säure (Qualität): ....

Kaffeemenge: ....
Süße (Qualität): ....

Wassermenge: ....
Körper (Qualität): ....

Mahlgrad: ....
Abgang: ....

Wassertemperatur: ....
Aromen: ....

Quellzeit: ....
....

Gesamtbrühzeit: ....
....

Notizen: ....

....

Kaffee: ....

Methode: ....
Säure (Qualität): ....

Kaffeemenge: ....
Süße (Qualität): ....

Wassermenge: ....
Körper (Qualität): ....

Mahlgrad: ....
Abgang: ....

Wassertemperatur: ....
Aromen: ....

Quellzeit: ....
....

Gesamtbrühzeit: ....
....

Notizen: ....

....

Kaffee: ....

Methode: .... Säure (Qualität): ....

Kaffeemenge: .... Süße (Qualität): ....

Wassermenge: .... Körper (Qualität): ....

Mahlgrad: .... Abgang: ....

Wassertemperatur: .... Aromen: ....

Quellzeit: ....

Gesamtbrühzeit: ....

Notizen: ....

....

....

....

....

Kaffee: ....

Methode: .... Säure (Qualität): ....

Kaffeemenge: .... Süße (Qualität): ....

Wassermenge: .... Körper (Qualität): ....

Mahlgrad: .... Abgang: ....

Wassertemperatur: .... Aromen: ....

Quellzeit: ....

Gesamtbrühzeit: ....

Notizen: ....

....

....

....

....

Kaffee: ....

Methode: .... Säure (Qualität): ....

Kaffeemenge: .... Süße (Qualität): ....

Wassermenge: .... Körper (Qualität): ....

Mahlgrad: .... Abgang: ....

Wassertemperatur: .... Aromen: ....

Quellzeit: ....

Gesamtbrühzeit: ....

Notizen: ....

....

....

....

....

Kaffee: ....

Methode: .... Säure (Qualität): ....

Kaffeemenge: .... Süße (Qualität): ....

Wassermenge: .... Körper (Qualität): ....

Mahlgrad: .... Abgang: ....

Wassertemperatur: .... Aromen: ....

Quellzeit: ....

Gesamtbrühzeit: ....

Notizen: ....

....

....

....

....